Pe. JOSÉ BORTOLINI

Literatura paulina

1 Tessalonicenses | Filipenses | 1 e 2 Coríntios | Gálatas
Romanos | Filêmon | Colossenses | Efésios
2 Tessalonicenses | 1 e 2 Timóteo | Tito

DIREÇÃO EDITORIAL:
Pe. Fábio Evaristo R. Silva, C.Ss.R.

CONSELHO EDITORIAL:
Ferdinando Mancilio, C.Ss.R.
Marlos Aurélio, C.Ss.R.
Mauro Vilela, C.Ss.R.
Ronaldo S. de Pádua, C.Ss.R.
Victor Hugo Lapenta, C.Ss.R.

COORDENAÇÃO EDITORIAL:
Ana Lúcia de Castro Leite

COPIDESQUE:
Sofia Machado

REVISÃO:
Bruna Vieira da Silva

DIAGRAMAÇÃO E CAPA:
Bruno Olivoto

Dados Internacionais de Catalogação na Publicação (CIP) de acordo com ISBD

B739L Bortolini, José

Literatura paulina: 1 Tessalonicenses, Filipenses, 1 e 2 Coríntios, Gálatas, Romanos, Filêmon, Colossenses, Efésios, 2 Tessalonicenses, 1 e 2 Timóteo, Tito / José Bortolini. - Aparecida, SP : Editora Santuário, 2019.
176 p. ; 14cm x 21cm.

Inclui índice.
ISBN: 978-85-369-0570-9

1. Bíblia. 2. Cristianismo. I. Título.

2018-1655

CDD 220
CDU 22

Elaborado por Vagner Rodolfo da Silva - CRB-8/9410

Índice para catálogo sistemático:
1. Bíblia 220
2. Bíblia 22

2ª impressão

Todos os direitos reservados à **EDITORA SANTUÁRIO** – 2023

Rua Pe. Claro Monteiro, 342 – 12570-000 – Aparecida-SP
Tel.: 12 3104-2000 – Televendas: 0800 - 0 16 00 04
www.editorasantuario.com.br
vendas@editorasantuario.com.br

A coleção: "Conheça a Bíblia. Estudo popular"

Tentar popularizar o estudo da Bíblia Sagrada parece tarefa fácil, mas não é. De certa forma, é como caminhar na contramão da exegese, pois o estudioso de Bíblia normalmente é levado a sofisticar o estudo e a pesquisa. Há inclusive quem diga que o estudo popular da Bíblia não é coisa séria. Todavia, visto que a Bíblia é patrimônio do povo e não dos especialistas, cabe aos letrados desgastarem-se para tornar esse livro acessível aos simples, ou seja, aos que não tiveram e nunca terão oportunidade de conhecer a fundo as ciências bíblicas.

Ocorre-me, a esse respeito, uma velha comparação: a do tatu e o joão-de-barro. Exegese significa "tirar para fora", "extrair". É mais ou menos aquilo que faz o tatu: ao cavar uma toca, "tira para fora" boa quantidade de terra, mas não sabe o que fazer com ela, pois seu objetivo é viver no fundo do buraco. O joão-de-barro, ao contrário, recolhe essa terra e com ela constrói a própria casa. Algo semelhante acontece no campo dos estudos bíblicos: os exegetas "tiram para fora" inúmeras informações a respeito de determinado livro da Bíblia. Mas a tentação é pensar que sua tarefa se esgotou aí. Os simples, ao contrário, aproveitam-se dessas informações e fazem a própria caminhada de fé e de conhecimento da Palavra de Deus.

É isso o que se busca com a presente coleção "Conheça a Bíblia. Estudo popular". Oxalá o esforço do especialista em popularizar a Palavra de Deus, associado à fome e sede dessa mesma Palavra por parte dos simples, provoque novamente a exclamação de Jesus: "Pai celeste, eu te louvo porque... revelaste essas coisas aos pequeninos" (veja Mt 11,25).

Apresentação

A coleção "Conheça a Bíblia. Estudo popular" foi pensada visando popularizar o estudo da Sagrada Escritura, a fim de que mais pessoas possam ter acesso a toda a riqueza que existe em cada página, que compõe a Bíblia.

Este sexto volume ajuda-nos conhecer a grande obra do Apóstolo São Paulo, por meio do estudo de seus escritos que comumente chamamos de Literatura Paulina. Esse importante conjunto do Novo Testamento é constituído por 13 escritos do apóstolo, compostos na forma epistolar (de Cartas). Eles compreendem as seguintes obras: 1 e 2 Tessalonicenses, Filipenses, 1 e 2 Coríntios, Gálatas, Romanos, Filêmon, Colossenses, Efésios, 1 e 2 Timóteo e Tito. Atribui-se ao apóstolo também a autoria do primeiro escrito do Novo Testamento, a primeira Carta aos Tessalonicenses. A carta ao Hebreus, embora atribuída a Paulo, não é um texto de Paulo, pois foge das cartas paulinas, sob muitos aspectos: a linguagem, o tema central, o estilo e várias outras características.

Chamado também de Apóstolo dos gentios, Paulo foi o grande responsável por expandir as fronteiras do cristianismo nascente para dentro do Império Romano, ao evangelizar os pagãos, ou seja, os não judeus. Nascido em Tarso, com o nome de Saulo, era judeu, mas também tinha a cidadania romana. Foi educado para ser um mestre fariseu na escola do grande mestre Gamaliel, em Jerusalém. Ao que tudo indica, Paulo não conheceu Jesus. No início, ele era um feroz perseguidor dos cristãos, mas após um processo de conversão, passou de perseguidor a apóstolo. O livro dos Atos dos Apóstolos nos traz o relato da conversão do apóstolo.

São Paulo foi fundador de inúmeras comunidades e o fez durante as várias viagens missionárias que realizou. Os escritos, que hoje temos, nada mais são do que as cartas que Paulo escrevia para as comunidades que ele fundou ou para as comunidades por onde ele passou durante suas viagens. Paulo, em sua empreitada missionária, acercou-se de uma grande rede de colaboradores que o acompanhavam e o assistiam. Vários desses colaboradores são citados em seus escritos. Ao contrário dos demais apóstolos, Paulo era possuidor da cultura greco-romana, versado em muitos saberes, assim coube a ele a tarefa de transmitir os ensinamentos de Jesus de uma forma que fosse compreendida e assimilada pelos diferentes povos que viviam dentro do Império Romano. Com todo o seu dinamismo e missionariedade, foi o grande responsável por dar as bases fundamentais para que o cristianismo se firmasse como uma religião diferente do judaísmo. Ele soube, como ninguém, adaptar o anúncio da Boa-Nova às mais variadas realidades e contextos.

Os estudiosos das cartas de Paulo costumam distingui-las entre cartas paulinas e cartas deuteropaulinas. As cartas paulinas são aquelas consideradas como cartas que Paulo, de fato, escreveu. São elas: Romanos, 1 e 2 Coríntios, Gálatas, Filipenses, 1 Tessalonicenses, Filêmon. As outras cartas, em maior ou menor medida, são alvo de debates entre os especialistas, que afirmam terem sido escritas por companheiros de Paulo, talvez por ordem dele ou, simplesmente, usando o nome dele. São por isso chamadas deuteropaulinas as seguintes cartas: Efésios, Colossenses, 2 Tessalonicenses, 1 e 2 Timóteo, Tito.

Este livro apresenta os escritos Paulinos conforme sua provável ordem cronológica, e não pela ordem que costumam aparecer nas diferentes traduções do Novo Testamento.

> **Algumas orientações úteis para o leitor:**
> - As passagens bíblicas, presentes no livro, pertencem à Bíblia de Jerusalém, Bíblia Pastoral e, por vezes, são traduções diretas do próprio autor. Dependendo da Bíblia que o leitor estiver utilizando, os textos podem ser diferentes. Quando isso acontecer, o leitor deve procurar entender o sentido do texto e não apenas as palavras nele presentes.

Apresentação

- As respostas de alguns exercícios encontram-se abaixo deles, e a ordem das respostas está colocada conforme o exercício proposto.
- Tenha sempre à mão um caderno de anotação, no qual você poderá escrever suas principais conclusões sobre o que foi estudado.

Boa leitura!

1
A primeira carta aos Tessalonicenses

I. UM PASSEIO POR TESSALÔNICA DO ANO 50

Por volta do ano 315 antes de Jesus nascer, um dos generais de Alexandre Magno, chamado Cassandro, fundou a cidade de Tessalônica. Com o tempo, tornou-se a principal cidade da Macedônia e sua capital a partir do ano 146 antes de Cristo. Vamos visitar seus principais pontos de interesse para nosso estudo da primeira carta aos Tessalonicenses.

1. *O porto*. Tessalônica situa-se à beira-mar e possui um porto muito movimentado, que serve tanto para o comércio internacional quanto para o exército romano, que ocupa toda essa região. Desse porto partem produtos agrícolas e minerais, duas grandes riquezas macedônias. O cais fervilha de gente do mundo inteiro. Você pode identificar pessoas vindas da África, da Ásia Menor, da Europa e de outras partes do mundo então conhecido. Prestando um pouco mais de atenção, você vai perceber que esse porto provocou mistura de raças, fato que pode ter um aspecto negativo: as pessoas perdem a própria identidade e cultura. O cais não é somente lugar de comércio de mercadorias; nele se comercializam também seres humanos, nas casas de prostituição (4,3-7) e "bares" (5,6-8). Nesse sentido, os soldados, fortemente armados, fazem vista grossa a tudo isso (5,8).

Literatura paulina

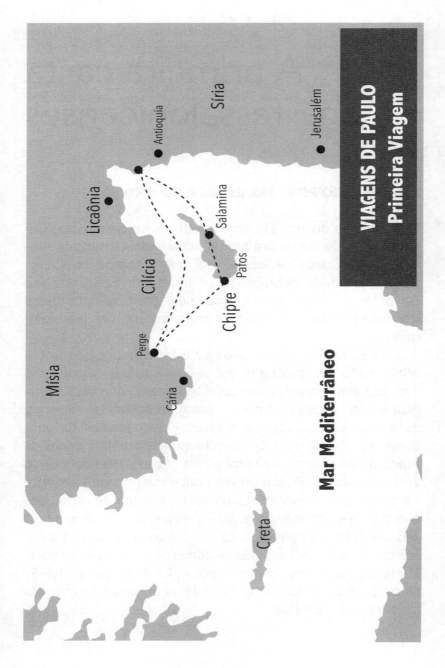

2. *A Via Egnatia.* Inaugurada 146 anos antes de Jesus nascer, é a mais importante estrada romana. Parte-se de Roma até Bríndisi e, atravessando de navio o mar Adriático, chega-se ao Épiro. A Via Egnatia passa por Tessalônica, alcança Filipos e termina em Constantinopla. Outras estradas de menor importância unem Tessalônica a outras cidades e regiões. Por elas trafegam não somente produtos, mas também forças de ocupação e ideias filosóficas vindas do mundo inteiro. A Via Egnatia servia igualmente para as rápidas comunicações. De fato, a cada 30 quilômetros, aproximadamente, havia um entreposto do correio romano, com cavalos descansados e pensões para os carteiros e para as pessoas que necessitassem de pousada (2,1; 3,6.10).

3. *Saindo da cidade pela Via Egnatia.* À beira dessa estrada e no campo cultivam-se sobretudo uvas, oliveiras e frutas. Criam-se também ovelhas, mas as terras estão nas mãos de poucos proprietários (latifundiários). Nas montanhas podem-se ver minas, com escravos cavando minérios.

4. *O mar.* Do mar Egeu, muitos pescadores tiram o sustento para estivadores, comerciantes, marinheiros, soldados, funcionários públicos, fiscais, pedreiros, mestres de obras, artesãos, ferreiros, um sem-número de pessoas, além de desempregados e vagabundos (5,14), que ganham alguma coisa provocando tumultos.

5. *A praça central.* Tessalônica era uma cidade miscigenada. Os motivos para tanto são vários, entre eles o deslocamento constante de tropas militares, de comerciantes e pregadores de receitas de felicidade. A cidade conta com grupos de ítalos e orientais: sírios, egípcios e judeus (que têm aí uma sinagoga). Nossas grandes metrópoles, tornadas cidades cosmopolitas, ajudam-nos a entender melhor como era Tessalônica. Em poucas palavras, pessoas do mundo inteiro se encontravam nessa

cidade, à procura de sobrevivência. Cada grupo étnico trazia consigo sua cultura, língua e crenças. Na praça central podemos encontrar membros de escolas filosóficas, como os estoicos, os cínicos e os sofistas. Esses últimos nem sempre eram bem-intencionados ou transparentes em seus objetivos (2,2-6).

6. *Visitando os santuários*. Em Tessalônica há muitas divindades. Em primeiro lugar, o culto ao imperador romano, vigoroso na cidade. A tendência oriental de divinizar os reis (e imperadores) criou raízes também no Império Romano. Na cidade há evidências de um templo a Júlio César e fala-se de um sacerdote de Augusto, o "filho de Deus". As cidades, como Tessalônica, que aderissem ao culto imperial recebiam do senado romano grandes benefícios materiais (verbas), de modo que opor-se à divinização do imperador acarretava graves consequências. Era ser contra o progresso e o bem-estar da cidade, indo contra a ideologia da "paz romana", que garantia para todo o império "paz e segurança" (5,3).

Em segundo lugar, Tessalônica é local de culto de Dioniso, divindade do vinho e da embriaguez; ele era, na origem, deus da vegetação. Parece que algumas recomendações de Paulo (4,3-8; 5,7-8) estão, de alguma forma, ligadas a esse culto, além da expectativa na vida futura (5,1-11).

Além da presença poderosa do judaísmo em Tessalônica, deve-se mencionar a importância do culto ao deus egípcio Serápis (ou seja, Osíris). Entre suas várias funções, ele era o guardião do submundo e a fonte de toda a vida e de toda cura. Isso denota como os cultos egípcios eram fortes nessa cidade.

Outras divindades estavam presentes e eram cultuadas em Tessalônica, como, por exemplo, Afrodite, deusa grega do amor e da beleza. Podemos supor as dificuldades de Paulo e seus companheiros no campo da comunicação e transmissão da mensagem, em um ambiente pluralista e sincrético, como o dessa cidade. A carta mostra que o esforço de Paulo e seus companheiros foi bem-sucedido: os cristãos tessalonicenses deixaram os ídolos e se puseram a serviço do Deus vivo e verdadeiro (1,9).

7. *Visita ao palácio do governo.* Do ponto de vista político, Tessalônica está sob a jurisdição do Império Romano e é governada por uma elite (politarcas, magistrados e militares), assessorada por um conselho (chamado *demos*), que preparava as leis e os decretos (5,12-13). Além da elite dominante, há na cidade uma espécie de *classe média*, constituída basicamente por funcionários públicos (fiscais e cobradores de taxas; não se deve esquecer que Roma cobrava pesados tributos), militares aposentados, arquitetos e outros.

8. *Uma visita à periferia.* A maioria do povo é pobre. Em Tessalônica encontramos muitos escravos e carregadores do porto, que não participam das decisões, não são povo. Na mentalidade daquele tempo, era impossível ascender de classe social, pois o sistema privilegiava o grande poderoso, e esse, como sempre, não admite descer na escala social. Além disso, deve-se lembrar que na cultura grega somente os escravos se submetiam a trabalhos manuais e pesados (2,9; 5,14).

II. ENTREVISTANDO PAULO E LUCAS

Como foi a fundação da comunidade cristã de Tessalônica?
Lucas: Eu conto isso em Atos dos Apóstolos 17,1-9. Estamos no ano 50, durante a segunda viagem missionária de Paulo (At 15,39-18,22), acompanhado de Silas (Silvano) e Timóteo. O próprio Paulo pode contar como chegou a Tessalônica.
Paulo: Chegamos a Tessalônica ainda marcados no corpo e na alma pelos sofrimentos suportados em Filipos, onde eu e Silas fomos batidos com varas e colocados na cadeia como criminosos, com os pés amarrados ao tronco. Tínhamos tudo para ficar calados e envergonhados, mas sentimos uma força muito grande vinda do Espírito Santo. Por isso nos enchemos de ousadia para anunciar Jesus Cristo nessa cidade (1Ts 2,1-2).

Como foi exatamente a oposição que tiveram nessa cidade?
Paulo: A oposição dos meus irmãos judeus foi grande, pois não concordavam com as ideias que eu tenho acerca de Jesus Messias.
Lucas: No princípio, Paulo foi à sinagoga, e aos sábados demonstrava, com o Antigo Testamento, que Jesus é o Messias. Alguns judeus se convenceram, bem como um bom número de não judeus simpatizantes do judaísmo e adoradores do Deus único. Também muitas mulheres ricas aceitaram Jesus. Mas a maioria dos judeus ficou com inveja e provocou tumulto, contratando vadios e vagabundos.
Paulo: Eu e Silas éramos hóspedes de Jasão, mas não estávamos em casa, quando nossos adversários chegaram. Eles então levaram Jasão à presença do poder político.

E qual foi a acusação contra vocês?
Paulo: Vocês já sabem que na cidade havia o culto ao imperador romano, e que esse culto abastecia a cidade com muitas verbas e investimentos...
Lucas: ... de modo que eram acusados de subversão política, ou seja, ir contra a lei do imperador, afirmando existir outro rei, chamado Jesus.

Quais as consequências disso?
Lucas: Jasão e a comunidade tiveram de pagar uma fiança. Percebendo o perigo que corriam Paulo e Silas, a comunidade os fez partir para Bereia de noite.
Paulo: Mas eu não tive sossego em Bereia, pois meus adversários de Tessalônica chegaram aí também. Tive, então, de partir para Atenas e depois para Corinto. Mas eu não tinha paz de espírito, pois me preocupava continuamente com aquilo que poderia ter acontecido à jovem comunidade de Tessalônica. Pedi então ao meu companheiro Timóteo que voltasse para lá em busca de notícias, e que me encontrasse depois em Corinto.

A primeira carta aos Tessalonicenses

Vocês parecem não concordar em um ponto: Lucas afirma que havia mulheres ricas entre os cristãos de Tessalônica. Você, Paulo, quando escreve aos coríntios, afirma que os cristãos da Macedônia eram extremamente pobres (2Cor 8,2).

Paulo: No começo era como Lucas dizia. Mas com o passar do tempo, as comunidades foram empobrecendo, pois as pessoas ricas não queriam partilhar com os pobres aquilo que possuíam. E foram assim abandonando as comunidades.

Lucas: É como vocês dizem: "Quando se fecha uma porta, Deus abre uma janela". Foi isso que aconteceu em Tessalônica, em vários sentidos, por exemplo: o abandono dos ricos aumentou o número e a participação dos pobres; a recusa da sinagoga em acolher a pregação de Paulo fez surgir a grande novidade das comunidades reunidas nas casas, verdadeiras igrejas domésticas.

O que vocês pensam dos cristãos de Tessalônica?

Paulo: É um povo muito bom, acolhedor e afetuoso, alegre, apesar dos sofrimentos, aberto à ação do Espírito Santo. Fiquei comovido quando Timóteo me encontrou em Corinto e trouxe boas notícias acerca dessas comunidades: firmes na fé, fortes no amor fraterno, cheios de esperança. Disseram que eu moro no coração deles, e eles moram no meu. Oxalá eu possa voltar para lá, a fim de completar a instrução cristã e, ao mesmo tempo, matar a saudade.

Lucas: Estou de acordo com que Paulo disse. E sublinho outra característica importante: o modo como tão depressa abandonaram todos aqueles ídolos para servir ao Deus vivo e verdadeiro, e como rapidamente se tornaram missionários, pois a Macedônia inteira, e até a Acaia, ficaram sabendo do testemunho que davam de Jesus.

Igreja

Paulo é o primeiro a chamar de igreja (em grego se diz *ekklesia*) essas pessoas de diversidade étnica e cultural. A palavra *ekklesia*, no pensamento de Paulo, pode ter vários sentidos: assembleia, igreja, comunidade, *família*. Há em Tessalônica uma *ekklesia-família* das mais diversificadas. O status que iguala a todos é o de *irmãos* (1,4; 2,1.17 etc.). Paulo é mãe e pai (2,7-12). Certamente, foi ele quem introduziu na igreja primitiva essa forma de tratamento entre os membros de uma comunidade: *irmãos*.

III. OLHANDO DE PERTO A PRIMEIRA CARTA AOS TESSALONICENSES

Não sabemos quanto tempo Paulo permaneceu em Tessalônica, mas certamente demorou-se mais de três semanas. Fato é que fundou uma igreja doméstica, uma nova família – na casa de Jasão – e deu-lhe uma organização básica, constituindo também lideranças (5,12-13). A comunidade – ou talvez *comunidades* – dessa cidade (bem como as demais comunidades fundadas por Paulo) era numericamente pequena e se reunia em uma casa.

Podemos sintetizar os motivos pelos quais se escreve essa carta: as boas notícias trazidas por Timóteo, que falam da *fé ativa* dos tessalonicenses, do *amor* que partilham entre si e com Paulo, a ponto de haver recíproca saudade e desejo de reencontro, da *firme esperança* que anima a vida da comunidade. Timóteo deve ter trazido também preocupações, por isso os capítulos 4 e 5 são exortações à comunidade. Paulo escreve preocupado com o que falta à fé dos tessalonicenses (3,10), e o faz tanto na carta quanto nas possíveis futuras visitas a Tessalônica.

Em Corinto, no início do ano 51 – a 20 anos da ressurreição – nasce o primeiro livro do Novo Testamento. É uma carta coletiva – Paulo, Silvano e Timóteo – nessa ordem. Embora a figura de Paulo sobressaia, é uma carta a seis mãos e três corações. Mas nem sempre será assim. Se você deseja aprofundar esse assunto, descobrirá como aos poucos, nas outras cartas, Paulo vai abandonando a primeira pessoa do plural para adotar o "eu", apesar de no início das cartas se apresentar acompanhado de outras pessoas.

Deve-se observar um detalhe: no tempo das cartas paulinas ainda não há um evangelho escrito. No entanto, Paulo não tem receio de falar explicitamente de "evangelho".

Outro detalhe significativo: sendo o primeiro texto escrito do Novo Testamento e dirigido à maioria de não judeus, a carta nos desafia na questão do diálogo com as culturas. Além disso, não se deve esquecer que Paulo, ao escrever, criou um meio novo de evangelização: a carta. Não se limitou aos meios tradicionais (pregação e catequese diretas), mas inovou, fazendo-se presente com a carta onde não podia estar pessoalmente.

O primeiro texto de Paulo serve também para perceber a evolução de seu pensamento. Por isso, é aconselhável estudar suas cartas em uma possível ordem cronológica, como tentaremos fazer. Além disso, é importante, desde agora, perceber que as cartas de Paulo não são textos especulativos ou teóricos, e sim textos que tocam o dia a dia das pessoas e comunidades. São textos profundamente pastorais e vivenciais.

> **"Graça e paz"**
> "Graça e paz" é uma saudação criada por Paulo e presente em todas as suas cartas. A graça faz pensar no carinho que Deus tem para com cada pessoa, qual mãe que acaricia seu filhinho. A paz, no pensamento de Paulo, reproduz tudo aquilo que essa palavra (shalom) quer comunicar: plenitude de bens e de vida.

A carta está construída sobre um tripé que conhecemos como "virtudes teologais" e são as colunas sobre as quais a comunidade tessalonicense está alicerçada: fé, amor, esperança – nessa ordem. E cada uma delas vem qualificada: a fé é ativa, o amor é capaz de se sacrificar e a esperança é perseverante: "Nós nos lembramos continuamente diante de Deus, nosso Pai, da fé ativa que vocês têm, do seu amor capaz de sacrifícios da esperança firme em nosso Senhor Jesus Cristo" (1,3). Na carta, esses três temas, às vezes, estão interligados, e isso é compreensível, pois quem tem fé normalmente cultiva também o amor e a esperança.

Se excetuarmos o endereço e saudação (1,1) e a saudação final (5,28), a carta tem duas grandes seções. A primeira compreende os três capítulos iniciais, e a segunda, os capítulos 4 e 5. A primeira seção (1,2-3,13) é marcada pela *ação de graças* que Paulo, Silvano e Timóteo dirigem a Deus em suas orações pelo bom andamento da comunidade. Podemos notar isso em 1,2 (*"Agradecemos sem cessar a Deus por todos vocês..."*) e em 3,9 (*"Como poderíamos dar graças a Deus por vocês, pela alegria que nos deram...?"*).

Em 4,1 nota-se claramente uma mudança. Desaparece o tema da alegre *ação de graças* a Deus e surge a *exortação* para a vida da comunidade: "Finalmente, meus irmãos, vos lhes pedimos e exortamos no Senhor Jesus...". Essa exortação vai praticamente até o fim da carta.

Na primeira seção, nota-se um Paulo reprimindo o desejo de falar de si próprio para dar espaço à ação de graças pela comunidade. É esse, portanto, o clima que percorre os três primeiros capítulos.

> **Exercício**
> Leia os três primeiros capítulos da carta e vá sublinhando, em sua Bíblia, as palavras ou expressões de ação de graças.

1. "Agradecemos a Deus..." (1,2-3,13)

a. *A fé ativa* (1,4-10). Em um clima de ação de graças contínua (*"sem cessar"*, versículo 3), a carta desenvolve o tema "a fé ativa dos tessalonicenses". Como isso se deu na fundação da comunidade e depois da partida dos missionários? Pela acolhida da Palavra com a alegria do Espírito Santo em meio a muitas tribulações. As tribulações são as perseguições que a comunidade enfrentou após a partida de Paulo (veja 2,14). Para os tessalonicenses, a perseguição foi o termômetro de sua fé. Eles resistiram de forma exemplar, de modo que se tornaram imitadores de Paulo e do Senhor, e disso se fala até na Acaia (onde Paulo se encontra ao escrever). Em segundo lugar, a fé ativa dessa comunidade se caracterizou pela expansão da Palavra, de modo que os tessalonicenses também se tornaram missionários. Finalmente, mas não em último lugar, comenta-se a conversão dos ídolos para o serviço do Deus vivo e verdadeiro, na esperança da vinda do Filho.

> **"Irmãos"**
> Em 1,4 aparece, pela primeira vez, a palavra "irmãos". É a forma de tratamento que Paulo usou e ensinou a usar para caracterizar o clima de uma comunidade cristã. O grande valor da comunidade chama-se fraternidade, na partilha da mesma fé, na vivência do amor e na comum esperança que faz caminhar. No Antigo Testamento, de modo geral, irmão era a pessoa da mesma raça. Nas cartas de Paulo, dirigidas a comunidades compostas de muitas raças, a fraternidade não tem fronteiras.

A fé ativa dos tessalonicenses provocou denúncia e ruptura: eles tiveram de abandonar os ídolos, denunciando-os como geradores de escravidão e morte. Não se trata simplesmente de mudar de religião, pois em 1,9 temos, frente a frente, como coisas irreconciliáveis, os ídolos que provocam a morte e o Deus vivo e verdadeiro que suscita a vida. Aderir ao Deus vivo pressupõe ruptura com tudo o que gera a morte e um compromisso permanente com a vida que nasce de Deus e se enraíza em uma sociedade justa e fraterna. Não é fácil nem romântico passar do compromisso com os ídolos à adoração e serviço do Deus vivo e verdadeiro. Isso pode provocar sofrimento e perseguição.

b. Retrato do evangelizador e fé ativa (2,1-19). A primeira impressão que se tem ao ler o capítulo 2 é que a ação de graças tenha desaparecido. Mas, na verdade, ela ocupa exatamente o centro do texto, entre o comportamento dos missionários (2,1-12) e a acolhida que os tessalonicenses lhes deram (2,13-19): "É por isso que agradecemos continuamente a Deus, pois quando vocês ouviram a Palavra de Deus que nós lhes anunciamos, vocês a acolheram não como simples palavra humana, mas como ela realmente é, como Palavra de Deus, palavra que age eficazmente em vocês que acreditam" (2,13).

Antes desse versículo temos um retrato do agente de pastoral (2,1-12). Tendo presentes as centenas de pregadores que enganavam o povo em Tessalônica, destacamos as principais características do evangelizador. **1.** *Audácia*. Ainda marcados pelos sofrimentos e insultos de Filipos, Paulo e seus companheiros se enchem de *audácia* para anunciar o Evangelho. **2.** *Transparência*. Paulo não adula os ouvintes, que podem reconhecer-lhe a retidão. Quando isso não é possível, os evangelizadores se submetem ao juízo de Deus, que tudo vê e penetra. **3.** *Amor capaz de sacrifícios*. Paulo podia fazer valer seus direitos de apóstolo (veja Mateus 10,10) e exigir que a comunidade o sustentasse materialmente, mas não fez valer esse direito. **4.** *Ternura materna*. Compara-se à mãe, que não só nutre e acaricia o filho, mas é capaz de dar a própria vida (veja João 15,13). **5.** *Firmeza paterna*. Conforme os padrões culturais do tempo, cabia ao pai a responsabilidade de tornar o filho cidadão. Daí os verbos do versículo 12: exortar, encorajar e admoestar, típicos dessa tarefa paterna. A ternura materna e a firmeza paterna aparecem também em 2,17; "... privados por um momento da companhia de vocês, longe dos olhos, mas perto do coração, desejamos muito rever vocês". A palavra "privados", em grego, comporta a metáfora da orfandade e é expressa desta maneira: *ap-**orfanis**-théntes*. Privados da companhia física dos tessalonicenses, Paulo e seus companheiros não se sentem desfilhados, mas "órfãos".

Para acolher a Palavra de Deus, os tessalonicenses tiveram de acolher o pobre e o sofredor, isto é, Paulo e seus companheiros como mensageiros da boa notícia do Reino. Se não tivessem acolhido Paulo e seus companheiros, a Palavra de Deus teria passado despercebida em Tessalônica. Isso porque a Palavra de Deus vem a nós na história, nos acontecimentos, mediante pessoas nem sempre elegantes e ricamente apresentáveis. O tema da perseguição retorna à carta (2,14-16), de forma contundente, e os cristãos são postos lado a lado das igrejas da Judeia, do Senhor (veja João 15,20) e dos profetas, sinal de que a fé ativa e a perseverante esperança marcaram o caminho deles.

c. *Fé ativa e amor capaz de sacrifícios* (3,1-13). O tema da fé ativa continua no capítulo 3, acompanhado do amor capaz de sacrifícios. Os autores da carta estão ansiosos e não têm descanso diante da possibilidade de ver perdido todo o trabalho evangelizador em Tessalônica. Reaparece o tema da *tribulação* – palavra que, nas cartas paulinas, resume as pressões e opressões que se abatem sobre o agente de pastoral em um contexto tenso e de conflito. Paulo temia que a tribulação tivesse sufocado a fé, que o medo tivesse derrotado a esperança. Daí o estado de ânimo dele e de seus companheiros: "Não aguentando mais..." (3,1), apesar de pessoalmente ter alertado a comunidade acerca das tribulações que a missão acarreta.

Esse aspecto é interessante e muito atual. O primeiro texto do Novo Testamento põe lado a lado missão e tribulação, evangelização e perseguição. A missão acontece em um campo de interesses contrários ao projeto de Deus. Paulo demonstra isso afirmando que existe um "tentador", um adversário que poderá tornar inútil o trabalho missionário. Sem entrar profundamente na questão, esse tema faz pensar no mistério do mal e no esforço que os cristãos fazem para opor o bem ao mal.

Timóteo vai à Tessalônica com essas preocupações e retorna com boas notícias acerca da *fé* e do *amor* dos tessalonicenses (3,6). A fé ativa da comunidade, resistindo às perseguições, fez Paulo e seus companheiros voltarem à vida. E isso é motivo de ação de graças a Deus. Sentimos, em 3,6-13, um clima de amor selando todas as relações: amor entre os membros da comunidade e para fora dela: "O Senhor faça vocês crescerem e os torne ricos em amor mútuo e para com todas as pessoas, semelhante ao amor que nós temos por vocês" (3,12). A fé ativa provocou a ruptura com os ídolos para servir ao Deus vivo e verdadeiro, e o sinal concreto dessa fé ativa foi a criação da comunidade cristã, cujo cimento é o amor que não conhece fronteiras: os membros da comunidade amam-se mutuamente e fazem o amor transbordar para fora dela, amando todas as pessoas. O amor entre os missionários e a comunidade busca novos encontros: "... vocês têm saudades nossas, e nós temos saudades de vocês" (3,6). Paulo quer transformar esses futuros encontros em ocasiões para o aprofundamento da fé.

> **Exercício**
> Tente resumir, em poucas palavras, a primeira parte da carta.

2. "... pedimos a vocês e os exortamos no Senhor Jesus..." (4,1-5,27)

Começa a parte exortativa da carta. Não se trata nem de imposições (leis vindas de fora) nem de simples conselhos que podem ser rejeitados. Na grande cidade de Tessalônica surgiu um núcleo cristão que aceitou o desafio de abandonar os ídolos para servir ao Deus vivo e verdadeiro. Essa mudança trouxe algumas consequências: **1.** A comunidade, por menor que seja, vivendo a novidade anunciada por Paulo e seus companheiros, torna-se fermento transformador na grande cidade. Nas palavras do Sermão da Montanha, sal da terra e luz do mundo. Nas palavras de Paulo, massa nova, sem fermento de maldade (veja 1 Coríntios 5,6-7). **2.** Se a comunidade cristã traz para dentro dela os costumes e as relações injustas e opressoras em que vive, deixa de ser fermento. Paulo fica furioso quando isso acontece, por exemplo, nas comunidades de Corinto. **3.** A comunidade, portanto, é portadora de um comportamento novo, que ilumina e enobrece todas as relações dentro e fora dela. É esse o sentido da expressão "filhos da luz" em 5,5.

Na bagagem de Timóteo, que vai ao encontro de Paulo e Silas em Corinto, não havia somente boas notícias. Até aqui vimos o lado luminoso dos tessalonicenses; e Paulo começou a carta falando das coisas boas da comunidade. Agora, por trás das exortações para uma ética cristã na grande cidade podemos entrever que o fermento da sociedade injusta e desigual ameaçava contaminar as relações comunitárias. Daí as exortações da carta que, grosso modo, vão até o final.

a. *Amor capaz de sacrifícios* (4,1-8). A carta começa afirmando que os tessalonicenses, que são quase todos de origem pagã, pertencem ao número dos escolhidos por Deus (1,4). Supera-se, desse modo, a barreira de raça. Agora se mostra o objetivo dessa escolha, ou seja, qual é a vontade de Deus: "que vocês sejam santos" (4,3).

Se a carta pede e exorta acerca da sexualidade é porque o comportamento dos "pagãos, que não conhecem a Deus" (4,5) perverteu as relações dentro da comunidade. A expressão "a própria esposa" (versículo 4) pode ter outra tradução – "o próprio corpo" –, mas, de qualquer modo, descobre-se que Paulo está esboçando uma espécie de teologia do corpo (ou da sexualidade, ou do matrimônio), desenvolvida em outras cartas (por exemplo, 1 Coríntios).

Para compreender a novidade da mensagem basta recordar que na cultura grega, para a maioria, a matéria (o corpo) é desprezível e está destinada à destruição. Diante disso, resta ao ser humano uma saída: usufruir, desfrutar, mesmo que isso acarrete a opressão do outro. A ética cristã afirma que o corpo, destinado à ressurreição, é o meio com o qual nos relacionamos. O corpo (e a sexualidade) foi criado para a relação e seu destino último é a santidade. Isso faz novas todas as relações humanas: da pessoa consigo mesma, com os outros, com as coisas e com o próprio Deus.

b. *Amor capaz de sacrifícios* (4,9-12). A carta elogia o amor que circula entre os membros da comunidade e para fora dela (*"em toda a Macedônia"*). Contudo, visto que o amor é dinamismo que não se fecha e não para, Paulo aconselha a progredir sempre mais nessa direção. E, sendo uma pessoa prática, desce logo ao concreto, ou seja, mostra como traduzir esse amor no cotidiano. Havia em Tessalônica pessoas que oneravam a comunidade com uma vida ociosa (talvez pessoas ricas e não acostumadas a trabalhar, ou pessoas que, diante da iminente volta do Senhor, desistiram de trabalhar, vivendo em uma expectativa estéril). A carta exorta essas pessoas a trabalharem com as próprias mãos, provocando assim dois efeitos: deixar de ser peso morto para a comunidade (aspecto interno) e ser exemplo de vida honrada para os de fora (aspecto externo).

c. *Firme esperança* (4,13-18). A catequese inicial de Paulo certamente reservava espaço ao tema da parúsia, a segunda vinda do Senhor, como fato iminente. Isso deve ter excitado as expectativas de membros da comunidade, alguns das quais deixaram até de trabalhar. Outros desesperaram, pois alguns de seus entes queridos morreram antes da parúsia e, consequentemente, estariam privados do encontro com o Senhor.

A mensagem de Paulo começa falando de esperança (4,13) e termina pedindo consolo mútuo (4,18). Também nesse aspecto, a comunidade cristã é portadora de novidade que fermenta toda a sociedade: "Irmãos, não queremos que vocês ignorem o que se refere às pessoas que já morreram, para que não fiquem tristes como aqueles que não têm esperança" (4,13). O eixo central da esperança cristã é a morte e ressurreição de Jesus (tema mais desenvolvido em 1 Coríntios 15). Na parúsia, tanto os mortos quanto os vivos não ficarão privados da comunhão plena com o Senhor.

d. *Firme esperança* (5,1-11). A carta trata agora do "quando" acontecerá a segunda vinda do Senhor, a parúsia. E desfaz todas as certezas, repetindo o que a comunidade já sabia: a segunda vinda do Senhor não é previsível. A única certeza é que ele virá sem avisar. A imagem do ladrão à noite é significativa e se, por um lado, desautoriza qualquer especulação, por outro, mostra-nos a única atitude possível: a vigilância. Em outras palavras, uma *firme esperança*. O tema tem ressonâncias no Antigo Testamento e na própria pregação de Jesus. O contraste entre trevas e luz ressalta o que a carta pretende incutir na comunidade: os cristãos são filhos da luz, agem de dia, são portadores de novidade também no campo da esperança. São comparados ao soldado bem apetrechado e pronto para a vinda do Senhor. E suas armas são bem conhecidas: fé, amor, esperança.

e. *Amor capaz de sacrifícios* e *firme esperança* (5,12-27). Os pedidos e exortações continuam, e é difícil reuni-los em torno de temas comuns. Chama nossa atenção o pedido para que se tenha "consideração" e "amor especial" pelas lideranças (5,12-13). Delas se diz que *se afadigam* no seu *trabalho* pela comunidade. Além de informar-nos que havia um mínimo de organização, a carta deixa entrever como Paulo entende o serviço da autoridade e a resposta que os membros da comunidade dão a quem os dirige "no Senhor". "Afadigar-se" é o mesmo verbo usado por Paulo para falar de seu difícil trabalho cotidiano (1Cor 4,12; 15,10; Gl 4,11; Fl 2,16).

Após várias exortações (5,14-22) que revelam outras sombras na comunidade, a carta termina com um desejo em forma de oração (5,23), retomando o tema da *esperança* no dia da vinda de nosso Senhor Jesus Cristo.

2
A carta aos Filipenses

I. BEM-VINDOS A FILIPOS

1. Conhecendo a cidade

No tempo de Paulo, Filipos era a principal cidade de uma região da província romana da Macedônia (At 16,12). Situava-se a 13 quilômetros do mar Egeu, no golfo de Neápolis. Por ela passava a *Via Egnatia*, principal estrada romana, que ligava a capital do império a Bizâncio (Constantinopla). A arqueologia descobriu antigos monumentos e construções da cidade: o foro, templos, banhos, biblioteca, necrópoles, aquedutos, fontes, pórticos e bairros residenciais.

Situava-se em um vale cercado de montanhas. Em uma dessas montanhas, a leste, no maciço Orbelos, situava-se a acrópole. Ao norte estão os planaltos balcânicos, ao sul o monte Symbolon, e o Pangaion a oeste. Antes de se chamar Filipos, seu nome era *Krenídes*, talvez por causa das abundantes fontes e poços de água. Em 356 antes de Cristo, Filipe II, rei da Macedônia (359-336), transferiu a esse lugar muitos migrantes, ampliou a cidade e deu-lhe o nome de Filipos. Esse rei construiu a muralha, o teatro e a acrópole da cidade.

Em 167 antes de Cristo, o cônsul romano L. Aemilius Paulus dividiu a Macedônia em quatro regiões; Filipos tornou-se a cidade principal de sua região (At 16,12). A cidade recorda fatos históricos importantes, como a batalha que leva seu nome. Foi aí que, em 42 antes de Cristo, Bruto e Cássio foram derrotados por Antônio e

Otávio. Depois desses acontecimentos, Antônio instalou aí muitos ex-combatentes romanos. A seguir, Q. Paquius Rufus transformou Filipos em colônia romana (At 16,12), mudando-lhe o nome: Colonia Victrix Philippensium. Dizer que Filipos era colônia romana significa afirmar que era administrada segundo a política dos romanos (veja Atos dos Apóstolos 16,19.35.38: magistrados, estrategos e litores; Filipenses 1,1: epíscopos e diáconos).

No ano 30 antes de Cristo, Otávio espoliou muitos romanos que haviam lutado contra ele e a favor de Antônio, e os transferiu para Filipos, mudando o nome da cidade para Colonia Julia Philippensis. Três anos depois (27 antes de Cristo), o senado romano conferiu a Otávio o título de Augusto (é o início daquilo que se chamará mais tarde de "culto ao imperador"), e isso repercutiu no nome da cidade, que passou a se chamar Colonia Augusta Julia Philippensis.

Para os padrões daquele tempo, Filipos era uma cidade de porte médio. Sua população, como já podemos imaginar, é miscigenada e multicultural: há nativos (trácios), gregos trazidos por Filipe II, romanos transferidos por Antônio e Otávio, e pessoas de outras regiões (Lídia era de Tiatira, na Ásia Menor).

Isso se explica a partir do universo religioso da cidade. De fato, ela é um pequeno panteão. Encontram-se aí várias divindades:

deuses da Trácia:

o deus Líber Pater (sósia de Baco, o deus romano ligado ao vinho), e a deusa Bendis;

a deusa grega Atenas;

os deuses romanos Júpiter e Marte;

o culto ao imperador romano,

a deusa da Anatólia Cibele;

e divindades egípcias: Ísis, Serápis e Harpócrates.

São poucas as informações acerca da economia e da sociedade de Filipos. A menção de "colônia romana", de ex-combatentes – mantidos pelo Império Romano – e de seus descendentes, fornece uma vaga ideia de como seria a vida da cidade. Os bairros residenciais descobertos pela arqueologia fazem pensar em uma parcela de população com certo teor de vida, diferentemente de Corinto, onde não há vestígios de casas, sinal de que o povo devia ser bem pobre.

Com certa cautela, tomamos Lucas e a descrição que faz da vida na cidade. Descobrimos que nela habitava Lídia, identificada como *"comerciante de púrpura, da cidade de Tiatira"* (At 16,14). Ela é *"adoradora de Deus"*. Isso significa que não era judia, mas aceitava o Deus único do judaísmo, apesar de não seguir nos detalhes a religião dos judeus. Lídia comercializava tinturas – púrpura – uma tinta cara extraída de um molusco. As roupas dos pobres, naquele tempo, eram todas da mesma cor. Ter roupas tingidas com púrpura denotava certa posição social. Lídia e seus clientes, portanto, não eram pobres. Além disso, o fato de poder hospedar em sua casa a comitiva de Paulo (Silas, Timóteo e, talvez, Lucas) denota que era proprietária de uma casa grande (as casas dos pobres tinham um só cômodo). O carcereiro de Filipos tinha menos posses que Lídia. Tudo leva a crer que sua casa estava construída sobre o porão da cadeia em que foram jogados Paulo e Silas (At 16,34).

Lucas narra um exorcismo de Paulo em Filipos (At 16,16-18). Ele liberta uma jovem de dupla servidão: está possuída por um espírito de adivinhação (uma espécie de possessão demoníaca, na perspectiva de Lucas) e é economicamente explorada por patrões inescrupulosos que enriquecem com isso.

2. A fundação da comunidade contada por Lucas

A chegada de Paulo e companheiros à cidade de Filipos é extremamente importante na perspectiva de Lucas, autor dos Atos dos Apóstolos. Ele organizou, a seu modo, as viagens de Paulo, construindo a narrativa em torno de, pelo menos, quatro elementos comuns. Em cada viagem, Paulo faz uma *pregação* (discurso), realiza um *milagre*, sofre uma *tribulação* e enfrenta um episódio de *magia/superstição*. Cada uma das viagens encerra esses elementos, sem uma ordem pré-determinada. Além disso, Lucas atribui a cada viagem uma peculiaridade.

Literatura paulina

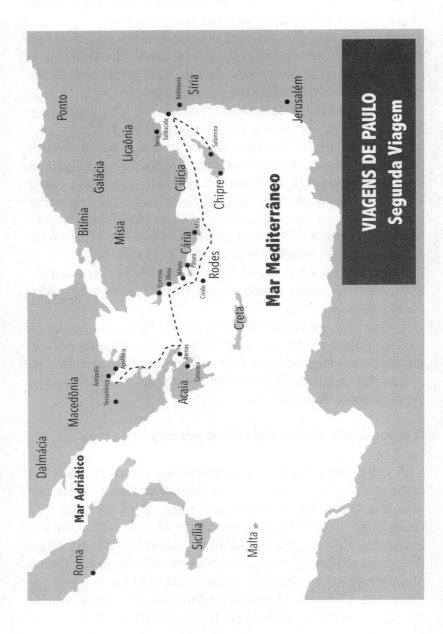

Estamos por volta do ano 50, durante a segunda viagem de Paulo (At 15,39-18,22). Nota-se em Lucas a preocupação de mostrar, logo, Paulo sendo convidado por um macedônio (At 16,9-10). Lucas tem pressa. Quer situar Paulo em Trôade. Por isso resume, em poucas palavras, a visita às comunidades fundadas durante a primeira viagem (Listra, Derbe, Icônio, Antioquia da Pisídia). Praticamente ignora a passagem de Paulo pela Galácia. O motivo é claro: com a chegada de Paulo a Filipos, o Evangelho está entrando no continente europeu. E essa é para Lucas a grande *peculiaridade* da segunda viagem. Ele ignora um dado histórico importante: a essas alturas, Roma já havia recebido o anúncio de Jesus Cristo. (A expulsão dos judeus – e dos cristãos Áquila e Priscila – da cidade de Roma, por ordem de Cláudio, situa-se no ano 41.) Para o autor de Atos, quando os pés de Paulo tocam a Macedônia, então o Evangelho chega à Europa. O momento é extremamente importante – e o tempo dará razão a Lucas. Não fosse o pioneirismo de Paulo, o movimento de Jesus (ainda não se fala de cristianismo) poderia acabar sufocado na Palestina e na Ásia Menor. Entende-se, com isso, a mudança de rota descrita em Atos dos Apóstolos 16,7. O Espírito é quem conduz a missão; ele é quem abre caminhos novos, superando fronteiras.

Lucas descreve abundantemente a estada de Paulo e seus companheiros em Filipos e arredores (note-se que são três ou quatro, mas quem vai para a prisão são somente Paulo e Silas. Timóteo – e talvez Lucas – estariam em outra cidade, não mencionada em Atos). Ele dá mais atenção à fundação das comunidades de Filipos (16,11-40) do que as de Tessalônica, capital da Macedônia (17,1-9), ou da grande metrópole e capital da Acaia, Corinto (18,1-17). O motivo parece evidente.

Dizíamos que Lucas esquematizou as viagens de Paulo em torno de quatro elementos. Três deles acontecem em Filipos: o *confronto com a magia* e o *milagre* (Paulo exorciza uma jovem possuída por espírito de adivinhação) e a *tribulação* (Paulo e Silas são flagelados e postos na cadeia). O exorcismo faz pensar na prática de Jesus, e a flagelação remete ao que Jesus havia dito (veja Lucas 12,11; 21,12-13).

A libertação dos apóstolos é descrita de modo épico sob a imagem de uma teofania – o terremoto. Se nos apegarmos à letra do texto, não conseguiremos explicar várias questões.

1. O texto dá a entender que o terremoto aconteceu apenas no cárcere, o que é improvável.
2. Se o terremoto abalou os alicerces da prisão, como se explica que ninguém tenha se ferido?
3. Como explicar que um terremoto dessa intensidade tenha aberto as portas da cadeia e soltado as correntes de todos os presos?
4. Como explicar que nenhum dos presos tenha fugido?
5. Se a casa do carcereiro estava construída sobre o porão da cadeia, como justificar que não tenha sido abalada?
6. O carcereiro leva Paulo e Silas para cima, lava-lhes as feridas, oferece jantar, é batizado com toda a família e quando, de manhã, as autoridades mandam soltar os dois, o texto dá a entender que Paulo e Silas ainda estão presos. Como explicar isso?
7. Por que somente depois de apanhar e de passar a noite na prisão é que Paulo se dá a conhecer como cidadão romano?

O que teria acontecido realmente? Lucas tomou um fato bruto e elaborou uma narração fantástica. O fato bruto é narrado por Paulo: "Vocês sabem que em Filipos sofremos e fomos insultados. Apesar disso, confiantes em nosso Deus, decidimos anunciar a vocês o Evangelho de Deus, no meio de grandes lutas" (1Ts 2,2). A descrição fantástica é obra de Lucas. Escrevendo esse episódio cerca de 35 anos mais tarde, ele o compara às grandes intervenções libertadoras de Deus no Antigo Testamento. Além disso, não se deve esquecer o comando irresistível do Espírito Santo, que conduz a missão em meio aos conflitos. O Evangelho entra na Europa, quem guia a missão é o Espírito, nada nem ninguém se lhe opõe, até que o testemunho de Jesus Cristo chegue aos confins da terra (veja Atos dos Apóstolos 1,8). Há pontos de contato entre a entrada do Evangelho na Europa e a entrada dos hebreus na Terra Prometida (livro de Josué).

Tudo leva a crer que em Filipos não há sinagoga. Se houvesse, essas mulheres – entre as quais está a adoradora de Deus Lídia –, iriam à sinagoga rezar, e não à beira do rio. O fato de não haver sinagoga foi providencial, um desafio que a providência e Paulo superam com criatividade. De fato, Lídia recebe o batismo com toda a família e acolhe em casa os apóstolos: surge assim a primeira igreja da Europa, uma igreja doméstica, chefiada por uma mulher. Ainda hoje, nas sinagogas dos judeus, são necessários 10 varões para que haja assembleia e celebração. As mulheres não contam. Note-se, pois, a grande novidade: não mais a sinagoga, mas a casa; não mais a exigência de 10 varões, mas pessoas, em sintonia com o que Jesus disse: "Onde dois ou três estiverem reunidos em meu nome..." (Mt 18,20); não mais uma assembleia que tem o homem como centro (e por isso superior à mulher), mas uma assembleia de iguais (veja Gálatas 3,28); não mais uma assembleia dependente de raça, mas uma comunidade de irmãos (Lídia era pagã e acolhe em sua casa judeus). Desde já podemos perguntar-nos que função tinham na comunidade Evódia e Síntique, citadas por Paulo em Filipenses 4,2.

A segunda igreja doméstica da Europa nasce na casa do carcereiro pagão, que se torna tipo de quem deseja receber o batismo. Os versículos 29-34 apresentam as etapas da catequese.

1. O desejo, expresso na pergunta *"O que preciso fazer para ser salvo?"*
2. Anúncio da palavra.
3. Batismo.
4. Alegria por ter acreditado. (É o esquema já usado por Lucas na conversão do eunuco etíope – 8,26-40.)

Uma igreja doméstica chefiada por uma mulher e outra sob a liderança de um homem. É assim que os Atos dos Apóstolos apresentam o surgimento do Evangelho no continente europeu.

II. BEM-VINDOS À CARTA AOS FILIPENSES

Antes de aprofundar a carta, convém recordar algumas interrogações, como a data em que foi escrita, o lugar, as condições em que Paulo se encontrava, e a hipótese – largamente aceita – de termos três cartas em uma.

Trata-se claramente de uma carta do cativeiro (Fl 1,12 e seguintes), e seu portador é um cristão de Filipos, chamado Epafrodito (2,25). As comunidades filipenses o haviam enviado ao encontro de Paulo prisioneiro, levando-lhe ajuda material (4,10-20). Epafrodito enfrentou grandes dificuldades – uma doença que o pôs às portas da morte (2,27) – mas recuperou a saúde e expressou o desejo de voltar a Filipos (2,26). Paulo pede que as comunidades lhe deem boa acolhida, contornando o provável mal-estar dos que o queriam como representante das comunidades junto a Paulo prisioneiro (2,29-30). No entanto, Paulo planeja enviar Timóteo a Filipos (2,19-24).

Esse trânsito de pessoas que vêm e que voltam levanta a questão do lugar em que a carta foi escrita. Nos Atos dos Apóstolos conhecemos dois cativeiros de Paulo, cada um de dois anos: Cesareia (anos 59-60) e Roma, logo em seguida. Contudo, Cesareia e Roma estão muito longe de Filipos, ao passo que a carta dá a impressão que a comunicação entre Paulo e os filipenses era relativamente fácil e rápida. Surge, assim, a hipótese de um lugar mais próximo a Filipos, em uma data mais antiga. A hipótese – aceita por quase todos os estudiosos – é Éfeso, a oito dias de viagem de Filipos, durante a terceira viagem de Paulo. Os Atos dos Apóstolos afirmam que ele se deteve por quase três anos nessa cidade (19,10; 20,31). É bem provável que essa longa estada nela se deva também a um período de cadeia. Lucas, contudo, não a menciona.

Por esse período Paulo escreve grande parte de suas cartas. É desse tempo a correspondência com Corinto. Em 2 Coríntios 6,5 e 11,23 ele fala de "prisões" (no plural), sendo que até esse ponto Lucas relatou apenas uma noite de cadeia, por ocasião da fundação das comunidades filipenses, como vimos.

A estada de Paulo em Éfeso deve ter sido mais conflituosa de quanto a apresentam os Atos dos Apóstolos. O quadro pintado por Paulo é mais dramático. 1 Coríntios 15,32 relata que teve de lutar contra "feras" (animais ou pessoas?), e 2 Coríntios 1,8-9 é ainda mais incisivo: "Irmãos, não queremos que o ignorem: a tribulação que sofremos na Ásia nos afligiu ao máximo, além das nossas forças, a ponto de perdermos a esperança de continuar vivendo. Sim, tínhamos recebido em nós mesmos a nossa sentença de morte, para que a nossa confiança já não se pudesse fundar em nós mesmos, mas em Deus, que ressuscita os mortos".

Por esses motivos – e por outros, como a simplicidade da carta, que a aproxima muito de 1 Tessalonicenses – é que os estudiosos hoje se posicionam a favor de Éfeso como lugar de onde foi escrita, durante a terceira viagem, entre os anos 54-56. "Pretório", ou "palácio do governador" (1,13) pode referir-se a qualquer uma das três cidades envolvidas, bem como a expressão "casa do Imperador" (4,22), que deve ser tomada em sentido amplo, ou seja, os que estão a serviço do Imperador.

No século passado levantou-se a hipótese – hoje amplamente partilhada – de que a atual carta aos Filipenses é, na verdade, um conjunto de três cartas distintas, escritas em breves intervalos de tempo. Essa hipótese se encaixa bem na de Éfeso como lugar de sua redação, por causa da relativa proximidade entre as duas cidades – ao contrário do que aconteceria se tivesse sido escrita em Cesareia ou Roma. Há vários indícios literários que conspiram a favor de três cartas, por exemplo, o início do capítulo 3. Temos a impressão de que a carta está para terminar, mas, em vez de concluir, Paulo arremete com um tema polêmico, alertando contra os cães: "Finalmente, irmãos, alegrem-se no Senhor. Escrever-lhes as mesmas coisas não é pesado e é seguro para vocês. Cuidado com os cães...". Note-se como passa da alegria ao alarme em poucos segundos...

A mesma coisa acontece no capítulo 4. As recomendações (4,1-9) denotam que o fim da carta chegou; contudo, em 4,10 entra novo tema, o reconhecimento pela ajuda material que os filipenses enviaram a Paulo (4,10-20).

Seguindo a hipótese das três cartas e superando alguns transtornos, poderemos saborear melhor essa carta autêntica de Paulo, sentindo, de perto, sua alma e sua paixão pelo Senhor Jesus e pela missão. A hipótese é a seguinte:

Primeira carta (4,10-20). Sabendo que Paulo estava preso, os filipenses lhe enviaram, por meio de Epafrodito (4,18), uma ajuda para lhe aliviar as necessidades (4,16). Paulo escreve um bilhete de agradecimento. A introdução e conclusão devem ter sido eliminadas, restando apenas o núcleo.
Segunda carta (1,1-3,1a + 4,2-7.21-23). Paulo continua na prisão. Nesse espaço de tempo, Epafrodito ficou doente, à beira da morte, e se recupera. Paulo decide devolvê-lo às comunidades de Filipos. Ele próprio leva a segunda carta.
Terceira carta (3,1b-4,1 + 4,8-9). Já não se fala de prisão. Paulo está em liberdade, mas toma conhecimento dos conflitos provocados por falsos missionários. São os "judaizantes" (palavra que não aparece no Novo Testamento): judeu-cristãos que pretendem impor a Lei de Moisés como condição para a salvação. E a circuncisão é a porta de entrada – tema que provocou a carta aos Gálatas. Também nessa carta, a introdução e a conclusão devem ter sido eliminadas no arranjo final.

No aprofundamento seguiremos essa sequência.

III. OLHANDO DE PERTO A CARTA

1. Primeira carta (4,10-20). Solidariedade, a nova liturgia

Paulo está na prisão e passa necessidade. Os filipenses já o haviam ajudado na viagem anterior, quando estava em Tessalônica (4,16). Agora tomam conhecimento dos fatos e, após várias tentativas de socorrer o apóstolo na tribulação, conseguem, por intermédio de Epafrodito, fazer chegar a ele uma ajuda financeira. Não se sabe o montante dessa ajuda, mas nota-se satisfação em Paulo. Devemos lembrar que o prisioneiro Paulo pôs em movimento uma rede de colaboradores que percorriam as cidades vizinhas fundando e animando comunidades. Ele continua evangelizando com as cartas, e isso tem custos que às vezes não imaginamos: pergaminhos, copistas, viagens dos portadores... Ele não precisava de ajuda apenas para o sustento pessoal.

Em vez de simplesmente dizer "muito obrigado", aproveita esse fato aparentemente simples para construir uma reflexão. Ele não faz teologia a partir do abstrato, mas da realidade. Nesse trecho não temos a palavra "agradecimento", sinal de que ele quis dizer algo mais. Prefere chamar os filipenses de "solidários" com Paulo em suas necessidades materiais e em seus projetos apostólicos. Isso ultrapassa o simples dar dinheiro e se torna uma *liturgia*, um serviço que, no fundo, se presta a Deus. Note-se a linguagem *litúrgica e cultual* do versículo 18: a ajuda dos filipenses é recebida como *perfume de suave odor*. Essa expressão recorda o aroma dos sacrifícios no Antigo Testamento (veja Êxodo 29,18.25; Levítico 2,12; 4,31; 6,14; 8,21; 17,4.6 etc.); é *sacrifício aceito e agradável a Deus*, que substitui os sacrifícios antigos (veja Levítico 17,4; 19,5 etc.).

No trecho percebe-se um intercâmbio e comunhão solidária entre os filipenses e Paulo. A leitura atenta permite perceber um vai e vem entre o *vocês* e o *eu*, até chegar em Deus: uma comunhão e solidariedade que culmina em Deus e que Deus saberá retribuir. Paulo, que se declara devedor de todos (Rm 1,14), não tem como retribuir, por isso convoca Deus para que se torne provedor dos filipenses (versículos 19-20). A expressão "o meu Deus *proverá*" (versículo 19) faz pensar no sacrifício de Abraão (Gn 22,8.14), tão grande era o apreço de Paulo pela solidariedade dos filipenses.

No versículo 17 usa-se linguagem comercial (brindes, crédito, conta), mas Paulo inverte completamente os padrões comerciais. Solidariedade não é comércio. Quem dá sai lucrando, na linha do que costumamos afirmar: "Quem dá aos pobres empresta a Deus", ou, como diz Eclesiástico 35,4, "dar esmola é oferecer sacrifício de comunhão".

É interessante deter-nos no perfil de Paulo. Está preso, mas demonstra *grande alegria* pela "liturgia" dos filipenses. A alegria é um tema frequente em toda a carta, a ponto de ser chamada de "a carta da alegria" (pode-se lê-la por inteiro com essa chave). Não é uma alegria qualquer, mas "no Senhor", e apesar de tantas tribulações. O apóstolo não se sente refém dos sofrimentos e das necessidades. De fato, demonstra possuir os ideais morais dos mais respeitados grupos filosóficos daquele tempo – estoicos, por exemplo – com os princípios da *autarquia* (ou seja, ser autossuficiente, sustentar-se versículo 11) e da imperturbabilidade (versículo 13: "*Tudo posso naquele que me fortalece*"). Sua força vem do Senhor, e não se perturba por causa da carência nem por causa da abundância, os dois extremos que podem fazer perder a fé e a confiança em Deus. É cômodo não se perturbar quando se tem recursos. E quando se está na penúria?

Paulo alcançou o equilíbrio do homem sábio. Vale a pena recordar a oração do homem sábio e equilibrado de Provérbios 30,7-9: "Senhor, duas coisas eu te pedi; não as negues a mim antes de eu morrer... não me dês nem riqueza e nem pobreza, concede-me o meu pedaço de pão; não seja eu saciado, e te renegue, dizendo: 'Quem é Javé?' Não passe eu necessidade e comece a roubar, e blasfeme o nome de meu Deus".

Mateus 10,10 (Lc 10,7) contém um mandato do Senhor muito caro ao grupo conservador de Jerusalém, que monopolizava o título de apóstolo. Ao enviar os Doze em missão, Jesus garantiu-lhes o sustento: o operário merece seu salário. Em Lucas isso é estendido a todos os evangelizadores – compreendidos no número 72. Paulo, contudo, nunca fez da evangelização seu ganha-pão. Preferiu trabalhar com as próprias mãos, garantindo sustento para si e seus companheiros. A ajuda que recebe dos filipenses não é vista como um "toma lá, dá cá". Eles o ajudam espontaneamente mais de uma vez, *depois* que ele saiu de Filipos (Fl 4,16; 2Cor 11,8-9). Esse "depois" confirma que ele nunca misturou evangelização com dinheiro. Longe dos filipenses e passando necessidade é que aceita ajuda. Ele cria, dessa forma, uma fronteira que preserva sua independência e liberdade diante dos bens. E faz de tudo para preservá-las.

À primeira vista, parece fácil responder ao *por que Paulo aceitou a ajuda dos filipenses* e até constrói uma teologia da solidariedade. As dificuldades surgem quando perguntamos por que não fez o mesmo com os coríntios e na região da Acaia (2Cor 11,10). A recusa obstinada em não aceitar ajuda material dos coríntios rendeu-lhe duros conflitos, descritos longamente em 2 Coríntios 10-13. Esses parecem ser os motivos principais que o levaram a ter um relacionamento especial com as comunidades de Filipos:

1. A condição social das pessoas (Lídia e outros) e das próprias comunidades, e a provável ausência (ou quase) de pobres, ao contrário de Corinto, onde a maioria era pobre (veja 1 Coríntios 1,26).
2. A presença (e liderança) de mulheres nas comunidades de Filipos – Lídia, Evódia e Síntique.

Anote suas descobertas estudando essa parte de Filipenses.

Literatura paulina

2. **Segunda carta** (1,1-3,1a + 4,2-7.21-23)

   a. **Endereço, saudação e ação de graças** (1,1-11). Os autores são dois – Paulo e Timóteo – mas já não temos aqui o coletivismo de 1 Tessalonicenses. Paulo assume toda a responsabilidade, e Timóteo é citado no início porque Paulo pensa enviá-lo a Filipos (2,19). Os dois se apresentam como *servos*. Na carta não encontramos a palavra *apóstolo*, sinal de que Paulo tem preferência por *servo*. Anunciar o Evangelho não foi escolha sua. Foi uma ordem que recebeu (1Cor 9,16-18), por isso se considera *servo obediente*. Há em Filipenses estreito paralelismo entre Jesus-servo e Paulo-servo. Ambos se despojam, enfrentam a morte e caminham para a ressurreição. Os cristãos de Filipos são chamados de *santos* (comparar com 1 Tessalonicenses 4,3) em virtude do batismo que receberam como resposta de fé ao anúncio de Jesus Cristo (veja a *fé ativa* dos tessalonicenses – 1Ts 1,5). O batismo nos introduziu no caminho da santidade, caminho apenas iniciado. Os santos de

Filipos são comunidades de fé e de vida. Têm seus dirigentes: *epíscopos* (supervisores) e *diáconos* (servidores), compare com 1 Tessalonicenses 5,12. As comunidades filipenses são saudadas com as duas palavras presentes em todas as cartas de Paulo: graça e paz. A graça representa o amor entranhável de Deus. A paz é a plenitude dos bens que garantem a vida. Não é pouca coisa o que Paulo deseja aos santos de Filipos. Quem doa graça e paz e as garante são "Deus nosso Pai e o Senhor Jesus Cristo".

Como na maioria de suas cartas (exceção feita a Gálatas), Paulo inicia agradecendo (e, em seguida, suplicando) – versículos 3-11. A ação de graças/súplica do servo prisioneiro é marcada pela *frequência* com que reza e pela *alegria* que caracteriza a oração. O motivo da constante e alegre ação de graças, acompanhada de súplica, é a caminhada de fé perseverante das comunidades filipenses, desde o primeiro dia. Aceitaram o Evangelho anunciado, tornaram-se missionárias (veja 1 Tessalonicenses 1,6-8) e solidárias (a ajuda enviada – veja a 1ª carta), "participantes da graça". A participação da graça tem dois aspectos, interno e externo: interno pela fé, externo pelo compromisso missionário. Olhando para o futuro – para "o dia de Cristo Jesus", o servo prisioneiro tem certeza de que as comunidades filipenses não decepcionarão, pelo contrário, terão alcançado a perfeição. Paulo já está pensando nos problemas internos e externos desses santos, dos quais falará adiante. Antes de entrar nesse assunto, faz uma declaração de amor (versículo 8): "Deus é testemunha de que amo vocês todos com a ternura de Cristo Jesus" (compare com 1 Tessalonicenses 2,6-12). Dado o exemplo do amor, insere na ação de graças uma súplica (a Deus), exatamente acerca do amor, propondo-lhe um itinerário exigente "até o dia de Cristo" (versículos 9-11; veja 1 Tessalonicenses 5,1 e seguintes): crescer, cada vez mais (compare com 1 Tessalonicenses 4,1.10), em conhecimento e sensibilidade, levando ao discernimento (compare com 1 Tessalonicenses 5,21), à pureza e irrepreensibilidade (Fl 3,6), plenamente maduros na justiça.

b. "Para mim, o viver é Cristo e o morrer é lucro" (1,12-26). Terminada a ação de graças/súplica, Paulo fala de sua situação na cadeia. Aqui também, constrói uma reflexão teológica a partir dos acontecimentos – nesse caso, tribulações – com visão positiva (versículo 18: alegria) e de fé. Os filipenses, provavelmente, souberam da possibilidade de Paulo conquistar a liberdade. Nem todos viram com bons olhos esse fato, pois para alguns o martírio era o ápice do testemunho. Evangelizava-se mais com ele do que com palavras. Paulo enfrenta essa questão. Sua prisão tornou-se oportunidade de testemunho (Mt 10,18), pois em todo o palácio do governador e por toda parte se falava desse prisioneiro e do motivo de sua detenção. Também para Paulo "há males que vêm para o bem". Seus companheiros, longe de desanimar com a prisão, encheram-se de ousadia, de modo que a Palavra não pode ser acorrentada (veja 2 Timóteo 2,9). A isso Paulo chama de "progresso do Evangelho" (versículo 12). Nem sempre a evangelização acontece em águas serenas. A turbulência vem de fora, mas pode vir de dentro também. Alguns cristãos se alegraram com a prisão de Paulo e, para provocar-lhe inveja, entregaram-se com todas as energias ao anúncio da Boa Notícia. Como Paulo vê essa rivalidade e concorrência dentro da comunidade? Sem se pronunciar, por ora, acerca da competição (veja 2,3), ele desconsidera os métodos (e as pessoas) e se concentra nos resultados: "De qualquer maneira – ou com segundas intenções ou sinceramente – Cristo é proclamado, e com isso me alegro" (versículo 18). Ele crê que "Deus escreve direito por linhas tortas". E, olhando para o próprio amanhã, tem certeza de que tudo contribui para sua salvação (veja Romanos 8,28): prisão, tribulação, anúncio, oração dos filipenses e ajuda do Espírito.

Diante disso, relativiza tudo: a própria vida, a morte, estando aberto a qualquer eventualidade (veja Romanos 8,35-39), morrer ou viver. Usando linguagem do mundo da economia (*lucro*, veja 3,7 e seguintes), considera vantagem morrer e estar com Cristo – "para mim, o viver é Cristo" (veja Gálatas 2,20).

Devendo escolher entre dois bens (o mais vantajoso, de cunho pessoal, é morrer), escolhe o bem coletivo, menos vantajoso, porém mais útil às comunidades e à evangelização: viver e continuar anunciando Jesus Cristo. Sua vida, portanto, está em função da missão. Vale a pena viver enquanto é útil ao "progresso do Evangelho". O que dá sentido à vida é a missão, o ser-para-os-outros; o prêmio ou bem maior (estar com Cristo) virá como consequência.

Pergunta-se por que Paulo tem tanta certeza de continuar vivendo, sair do cárcere e voltar a rever seus amados filipenses. Alguns – apoiados na informação de Lucas de que Paulo seria cidadão romano (At 16,37; 22,25 e seguintes) – suspeitam que o prisioneiro declararia sua cidadania e seria libertado. Não explicam, contudo, por que não o fez até agora, após ter enfrentado o dilema morrer/viver. Paulo, em suas cartas, nunca menciona sua possível cidadania romana, e nós devemos ficar de sobreaviso. A certeza de ser solto decorre disto: por todo o palácio do governador e arredores, corre a notícia de que ele está preso por causa de Jesus Messias, e isso não constitui nenhum crime para a legislação romana. Nisso concordam os Atos dos Apóstolos, que o declaram, sucessivamente, inocente após sua prisão em Jerusalém. Daí sua convicção de ser libertado brevemente *"para proveito de vocês e para alegria da fé que vocês têm"* (versículo 25).

c. Conduta conforme o Evangelho (1,27-2,5). Após ter falado de sua situação, Paulo exorta os filipenses a viverem como "cidadãos do Evangelho". A regra para esse tipo de cidadania é oferecida pelo Evangelho. Mencionam-se *adversários* das comunidades, sinal que há conflitos vindos de fora. Diante disso, aconselham-se duas coisas:

1. *união* (um só espírito, uma só alma) e
2. *destemor* (*"em nada vocês se amedrontam"*).

Na vivência da fé e na expansão da mensagem, as comunidades filipenses encontram a mesma resistência e oposição sofridas por seu fundador (comparar com 1 Tessalonicenses 1,6; 2,13-16). A linguagem dos versículos 28-30 é tomada do campo militar para caracterizar a militância dos seguidores de Jesus.

As comunidades não enfrentavam apenas problemas vindos de fora. Dentro delas também havia tensões e em conflitos (Fl 4,2-3). Paulo não se havia pronunciado acerca da competição entre os membros. Agora toca nesse e em outros pontos críticos da vida em comunidade. Lendo 2,2-4 pelo avesso, notamos pelo menos quatro sintomas:

1. *desunião* e desacordo entre as pessoas;
2. *competição;*
3. *atitudes de superioridade* e
4. *individualismo.*

A exortação de Paulo não podia ser mais forte. Faz calorosos apelos ao conforto que há em Cristo, à consolação que há no amor, à comunhão no Espírito, por toda ternura e compaixão. Para a desunião o remédio é a *concórdia* de sentimentos e pensamentos, em um só amor e em uma só alma. Para vencer a competição e a atitude de grandeza recomenda a *humildade*, que faz considerar os outros mais importantes (veja Romanos 12,16). Para combater o individualismo sugere a *corresponsabilidade*. Em outras palavras, ser "cidadão do Evangelho" é ter as atitudes de Jesus Cristo, fazer próprias as disposições de vida (sentimentos) dele (versículo 5). Vem, por isso, um dos mais importantes hinos a Jesus Cristo do Novo Testamento; quer mostrar aos filipenses como ser "cidadão do Evangelho".

d. A opção de vida de Jesus (2,6-11). O hino a Jesus Cristo de Filipenses 2,6-11 é um texto poético, denso de significado, muito estudado e com várias interpretações. Há quem diga que não é de Paulo, e que ele o teria encaixado aqui e acrescentado algumas palavras ("*morte sobre uma cruz*" – versículo 8). Evitando essas especulações, pode-se afirmar o seguinte: o hino, para falar da opção de vida de Jesus, certamente se inspira no quarto canto do servo de Javé (Is 52,13-53,12), com o duplo movimento: *de esvaziamento*, em que o sujeito é Jesus (estando na forma de Deus, despojou-se, tomando a forma de escravo, semelhante aos seres humanos, abaixou-se, obediente até a morte de cruz) e *de exaltação*, tendo Deus como agente (ressuscitou-o, deu-lhe um nome soberano...). Seu oposto é Adão: em lugar do movimento de esvaziamento ele provoca o de autoexaltação (criado à imagem e semelhança de Deus, exaltou-se, querendo ser como Deus, não quis obedecer...); e em lugar do movimento de exaltação temos o aniquilamento (em vez de ressurreição, a morte...). Nesse sentido, Jesus é o Homem Novo, o começo de Nova Humanidade, portador de novo modo de viver. Nesse sentido é verdadeiro Caminho para a Vida (veja João 14,6).

Podemos ainda pôr esse hino em paralelo com a segunda parte do Evangelho de João (13-20), sobretudo o episódio do lava-pés (13,1 e seguintes): movimento de esvaziamento: Jesus levanta-se da mesa, tira o manto (despojou-se), toma uma toalha (insígnia do escravo), abaixa-se, lava os pés...; movimento de exaltação: retoma o manto, senta-se à mesa... Detalhe significativo: o lava-pés se consuma na cruz, quando Jesus diz "Tudo está consumado", e termina na ressurreição.

De qualquer modo, esse hino é fundamental para Paulo, e mostra Jesus encarnado nas realidades humanas menos apreciadas: esvaziamento, despojamento, serviço, obediência e morte de cruz (sentença dada a criminosos). O caminho do cristão está traçado por Cristo. É por isso que Paulo procura identificar-se com ele. De fato, enquanto fariseu irrepreensível desfrutava de status invejável (Fl 3,6; Gl 1,13-14), mas despojou-se, esvaziou-se, considerando tudo isso perda, esterco (3,7-8), fez-se servo (1,1), disposto a morrer (1,21) para alcançar a ressurreição (3,10-14). É por isso que pode pedir aos filipenses: "Sejam meus imitadores, irmãos, e observem os que agem segundo o modelo que vocês têm em nós" (3,17).

e. Consequências (2,12-18). O versículo 12 une estreitamente o que já vimos (hino) com o que virá. Paulo apresenta consequências para a vida cristã. O trecho começa falando da ausência de Paulo em Filipos (versículo 12) e termina com a possibilidade de ter de enfrentar o martírio (versículo 17). De qualquer modo, ele se alegra e pede que os filipenses se alegrem com ele (versículo 18). A *alegria*, nessa carta, extrapola os acontecimentos felizes, pois o próprio martírio por causa da missão é motivo de contentamento (veja Romanos 12,12; 1 Tessalonicenses 2,19).

Quais são as consequências da opção de vida de Jesus servidor? Observando os verbos, nota-se que os filipenses são chamados à obediência em dois pontos:

1. *"Busquem a salvação de vocês com temor e tremor"*, e
2. *"façam tudo sem murmurações nem reclamações"*.

O primeiro ponto mostra o dinamismo do itinerário cristão, feito em parceria com Deus. A salvação é dom divino que se alcança com o empenho humano qualificado. Deus opera na pessoa o querer e o agir (vontade e ação), e a pessoa responde à vontade de Deus operando a própria salvação com temor e tremor. A vida é o canteiro de obras em que construímos nossa salvação ou perdição.

O segundo ponto explicita o novo modo de agir (*"façam tudo..."*), diferentemente de como agiu o povo hebreu no deserto, quando murmurou contra Deus e Moisés. O novo modo de fazer as coisas projeta luz para fora da comunidade, fermentando a sociedade (*"geração má e perversa"*) e iluminando-a (*"no meio da qual vocês brilham como astros no mundo"*), como portadores da novidade cristã (*"mensageiros da Palavra de vida"*).

Paulo-servo olha para o fim da caminhada (Dia de Cristo) e se vê como atleta (versículo 16; veja 2 Timóteo 4,7), cuja corrida ganha sentido se os filipenses se mantiverem firmes. Para isso, não importa se ele tiver de enfrentar o martírio. Seu sangue derramado é libação. (Nos sacrifícios judaicos, libação era uma porção de azeite, vinho ou água derramada sobre a vítima – Êx 29,40; Nm 28,7; veja 2Timóteo 4,6.) O sangue que Paulo irá derramar fará aumentar e incrementar a evangelização. E isso é motivo de alegria.

f. Partilhando a vida (2,19-3,1a + 4,2-7.21-23). O restante da segunda carta são notícias (2,19-30), recomendações (3,1a; 4,2-7) e saudação final (4,21-23). Paulo aprecia as notícias entre ele e suas comunidades, notícias por carta e por intermédio de pessoas. Timóteo está para ser enviado a Filipos a fim de trazer notícias para Paulo prisioneiro. As notícias provocarão nele *alegria*. Não deve ter sido pouca coisa a viagem de Timóteo a Filipos (distância, tempo, gastos etc.) só para receber notícias boas. A ida de Timóteo a Filipos não está decidida, pois depende do rumo que os acontecimentos irão tomar. Talvez, o próprio Paulo, libertado, possa fazer a viagem. A precariedade e as incertezas não impedem uma vida alegre.

Paulo elogia Timóteo: é a pessoa mais sintonizada com seus projetos, como filho junto ao pai. Timóteo se mostra preocupado não só com Paulo, mas também com os filipenses. Isso se torna ainda mais importante a partir do fato de haver entre os companheiros de Paulo pessoas que só pensam em si e nos próprios interesses (2,21; veja 2,4).

Antes da ida de Timóteo, quem retorna a Filipos é Epafrodito, que trouxe a ajuda financeira das comunidades a Paulo prisioneiro (1ª carta). A carta não poupa elogios do mensageiro filipense: irmão, colaborador e companheiro de lutas (veja Filêmon 2). Ele, certamente, retorna aos seus com a 2ª carta. Os filipenses o haviam escolhido como seu representante junto a Paulo, e isso demonstra o carinho que essas comunidades nutriam por seu fundador. Acontece que Epafrodito ficou gravemente doente, aumentando as preocupações de Paulo e das próprias comunidades. Decide-se, então, que ele deve retornar logo a Filipos. Paulo – temendo, talvez, algum descontentamento com o retorno – aconselha a recebê-lo com toda alegria e estimá-lo como merece. Há nos versículos 25-30 um clima de profunda fraternidade, carinho, preocupação recíproca, saudade, alegria. A doença de Epafrodito causou preocupação e tristeza em todos; sua morte seria acumular tristeza sobre tristeza. Paulo valoriza o sentimento da saudade e sabe reconhecer os riscos que as pessoas correm para socorrer os outros, o tempo dedicado aos companheiros (veja Romanos 16,1-4; 12,10.15-16; 13,8).

Concluídas as notícias, vêm as exortações (3,1; 4,2-7). A primeira é para todos e reforça um dos temas importantes da carta, a alegria: "Finalmente, irmãos, alegrem-se no Senhor". As condições adversas para Paulo e as incertezas vividas pelas comunidades não podem sufocar o sentimento de alegria.

A segunda exortação destina-se às lideranças, duas mulheres (Evódia e Síntique) e um homem (Sízigo). Há quem pretenda ver aí nomes fictícios, mas é preferível crer que se trata de pessoas concretas, provavelmente lideranças, que brigam entre si. Às duas mulheres pede-se que sejam *unânimes*, como em 2,2. A Sízigo se pede que as auxilie, reforçando o que foi recomendado em 2,4, a recíproca preocupação e ajuda. Às vezes, focalizamos apenas a desunião dessas duas mulheres, ofuscando o modo positivo com que Paulo as trata: pedindo a Sízigo que as ajude porque elas ajudaram Paulo e outros na luta pelo Evangelho.

A terceira exortação é geral (4,4-7) e é motivada pela proximidade do Senhor (veja 1 Tessalonicenses 5,1-11). Se em 1 Tessalonicenses recomendava-se a consolação recíproca, aqui recomenda-se – com certa ênfase – a alegria. A proximidade do Senhor não é motivo de perturbação; pelo contrário, aconselha-se um dos valores mais estimados pelos estoicos – a imperturbabilidade. Paulo não desdenha as coisas boas em quem não é cristão, ao contrário do que faziam os fariseus com os não judeus. A imperturbabilidade supõe dificuldades, tensões, conflitos. O modo certo de evitar a perturbação é apresentar a Deus as necessidades nas diversas formas que as comunidades conhecem: invocando-o, suplicando-o e agradecendo-lhe, para alcançar a paz de Deus.

A saudação final (4,21-23) encerra a carta com um clima de fraternidade geral entre os santos (cristãos) de Filipos e os de Éfeso. Chama atenção que, *especialmente*, os cristãos "da casa do Imperador" também mandem saudações. Esteja onde estiver (Cesareia, Roma ou Éfeso), o prisioneiro Paulo conseguiu levar à fé todo o pessoal empregado a serviço do Imperador (veja 1,13).

> Faça um resumo da segunda carta.

3. Terceira carta (3,1b-4,1 + 4,8-9): "Sejam meus imitadores"

A terceira carta já não fala de prisão nem de planos para visitar as comunidades filipenses. Desapareceu o tema da alegria, apesar de Paulo estar livre. O texto é polêmico, Paulo se torna agressivo, chama os adversários de cães, maus operários e mutilados, escreve chorando (3,18), alerta (3 vezes *"cuidado com..."*), pede para que o imitem... Tudo isso e outros fatores nos põem diante de nova situação. Essa carta está muito próxima a Gálatas quanto ao tema e, provavelmente, também quanto à data.

Por Filipos certamente passaram cristãos de origem e cultura judaicas – que costumamos chamar de *judaizantes*. Conseguiram perturbar a vida das comunidades (veja 4,6), semeando confusão. A tese defendida por esses judeu-cristãos pode ser resumida com a citação de Atos dos Apóstolos 15,1: "Se vocês não se fizerem circuncidar segundo a lei de Moisés, não conseguirão se salvar". A circuncisão era, portanto, *a condição* para a salvação. Com isso, garante Paulo, inutiliza-se a cruz de Cristo (Gl 5,2), e os que agem dessa forma são inimigos da cruz de Cristo (Fl 3,18). Mais ainda, sendo a circuncisão a porta de entrada para a primeira aliança, o circuncidado é obrigado a cumprir inteiramente a Lei (veja Gálatas 5,3). Consequência grave: para ser cristão seria preciso antes tornar-se judeu, judaizar-se, assumir inteiramente o judaísmo e sua cultura. Religião, portanto, não seria a expressão da fé na cultura de cada povo, mas a expressão da fé por meio da cultura judaica.

Paulo se irrita enormemente, tratando com deboche os judaizantes. Os judeus radicais chamavam os pagãos de "cães" (porque os cães comem qualquer coisa e, por isso, eram catalogados entre os mais impuros animais). A carta torce o sentido, chamando os judaizantes de "cães" e advertindo contra eles (deve-se recordar que os cristãos de Filipos são de origem pagã). Chama-os de "maus operários" e de "mutilados" (depreciação da circuncisão. Homens e animais mutilados eram, respectivamente, inaptos e impróprios para o culto). Como em Gálatas, Paulo desmascara os judaizantes, afirmando que têm objetivos escusos, não revelados, que desejam marcar o corpo dos homens (circuncisão) para se gloriarem (Gl 6,13; Fl 3,19). A tudo isso que vimos Paulo chama de "carne" (3,3-4) – normas que os fariseus tinham em elevado apreço. Há uma nova circuncisão, já anunciada pelos profetas (Jr 4,4), selo de nova aliança (31,31-35) que se expressa em nova liturgia e novo culto (Fl 3,3).

Para ressaltar a excelência da novidade, Paulo descreve, detalhadamente, o tempo em que viveu na "carne", alcançando o grau de fariseu irrepreensível. São 7 títulos (versículos 5-6; compare com Gálatas 1,13-14). Usando linguagem comercial (lucro/perda), considera *esterco* sua carreira de fariseu irrepreensível. Os fariseus tinham catalogado 613 importantes mandamentos. Quem os praticasse escrupulosamente alcançaria a irrepreensibilidade e, de certo modo, obrigaria Deus a intervir em seu favor. Os fariseus pensavam que, quando todos estivessem praticando os 613 mandamentos, Deus enviaria o Messias como *prêmio* pela "justiça que há na Lei". Paulo descobre que, apesar de serem todos pecadores, o Messias veio e amou tanto a humanidade a ponto de entregar a vida na cruz (Rm 5,8; Gl 2,20; Jo 3,16). Ele então se pergunta: de que me serviu ser fariseu irrepreensível? De nada, é esterco, pois não é a justiça do homem que provoca o amor de Deus. O Messias não veio como prêmio da justiça humana, mas como prova de que o amor divino é soberano e se antecipa sempre ao amor humano. A compreensão disso matou o fariseu que havia em Paulo.

Como fariseu irrepreensível, Paulo se considerava perfeito, acabado, estacionado. Como seguidor de Jesus Cristo, considera-se atleta que corre atrás do Senhor, pois Jesus caminha à frente, e lá no fim o aguarda com o prêmio da ressurreição. Ser cristão, portanto, é dinamismo. Paulo se considera alcançado por Jesus e ultrapassado. Como atleta, corre para ver se o alcança, esquece o que fica para trás (o fariseu irrepreensível) e projeta-se para frente. Convida as comunidades a fazerem como ele (3,15-17).

O prêmio é a ressurreição, a cidadania celeste (versículos 20-21; veja 1 Coríntios 15,47-49; 2 Coríntios 5,1-10), quando seremos transfigurados à semelhança do corpo glorioso de Cristo (veja 1 Coríntios 15,23-28; compare com 1 Tessalonicenses 4,13-18). Por isso Paulo convoca os filipenses à constância (4,1). É uma exortação geral cheia de ternura e alegria, sinal de que, como vimos na 2ª carta, é possível ser alegre na tribulação e terno na luta.

A carta caminha para o fim ("*finalmente*", 4,8) com outra exortação geral. Em vez de 613 mandamentos a serem praticados, um horizonte aberto e uma conduta marcada pelo bem. Paulo cita 7 valores da moral dos filósofos daquele tempo: tudo o que é verdadeiro, nobre, justo, puro, amável, honroso e virtuoso, ou seja, tudo o que merece louvor, seja preocupação e ocupação de todos. Paulo emprega o verbo *discernir/examinar*, que não supõe as coisas prontas de antemão, vindas de fora, e sim brotadas de dentro, fruto do discernimento (veja 1 Tessalonicenses 5,21). Paulo se mostra nisso *educador* ("vocês aprenderam"), *pai* ("herdaram"), *mestre* ("ouviram") e *exemplo* ("observaram em mim"). E conclui: "Então o Deus da paz estará com vocês".

3
A primeira carta aos Coríntios

I. ANTES DE CONHECER A CARTA

1. A cidade

a. História. Corinto era uma antiga cidade grega do *Peloponeso* (atual Grécia. Peloponeso significa "Ilha de Pélope", um dos filhos de Zeus). Em 146 antes de Cristo foi destruída pelos romanos. A Corinto do Novo Testamento foi reconstruída por Júlio César, em 44 antes de Cristo, com o nome de *Laus Julia Corinthos* e tornada capital da província romana da Acaia.

b. Política. Quando Paulo chegou pela primeira vez a Corinto (ano 50), a cidade era governada por um procônsul chamado Galião (At 18,12-17). Além do governador, a cidade contava com uma elite local e uma burocracia estatal (funcionários públicos). A arqueologia mostra que perto da praça central (ágora), no lado sul, ficava a sede do Conselho (espécie de câmara municipal), com a tribuna para os oradores. Aí perto, um grande prédio público, cuja função é desconhecida.

c. Economia. Corinto era uma grande e estratégica cidade do Império Romano, uma entre as 5 principais (Roma, Corinto, Éfeso, Antioquia, Alexandria). A espinha dorsal da economia de Corinto era composta pelos trabalhadores escravos (2/3 da população). Possuía dois portos estratégicos: Cencreia, que fazia a ligação com o mar Adriático e a Europa, e o porto de Laqueu (Lakeion), no golfo Sarônico, fazendo a ligação com a Ásia. Entre os dois portos havia um corredor com cerca de 6 km, chamado Diólkos (dois trilhos). Uma plataforma empurrada sobre os "dois trilhos" carregava os navios de um porto a outro. A estrada que ia de Corinto aos portos era pavimentada. A vida de muitos trabalhadores escravos girava em torno desses portos. Outros eram escravos domésticos, nos campos (as terras estavam em mãos de latifundiários) ou nas minas e fundições do internacionalmente famoso bronze coríntio (1Cor 13,1).

> **Segunda viagem de Paulo**
> (ver mapa da p. 30)

d. Sociedade. Havia, basicamente, dois grupos sociais: livres (cidadãos) e escravos (não cidadãos). A população da cidade chegava perto de meio milhão. A elite não trabalhava com as mãos (tarefa de escravos) e desprezava o trabalho escravo. A elite tinha acesso aos bens de consumo, ao lazer (banhos públicos, teatro, jogos etc.) e à vida cidadã, ao passo que os escravos não. Servia-se da mão de obra escrava. A arqueologia trouxe à luz só monumentos e casas de ricos. Os 2/3 de escravos viviam em casas de barro e, sobretudo no calor, dormiam pelas ruas. Corinto tinha má fama, pois era um centro de vícios e prazeres. Criou-se até um verbo para isso: "corintizar" = "viver na gandaia"; e a expressão "menina coríntia" era sinônimo de prostituta (1Cor 6,12-20).

e. Religião. Corinto era uma cidade politeísta. Muitos templos cercando a grande praça: aos deuses Apolo, Atenas, Poseidon, Esculápio (templo e hospital). Nesses templos ofereciam-se sacrifícios de animais (1Cor 8 e 10). O mais famoso templo era o de Afrodite (Vênus). Segundo Estrabão, lá oficiavam mil prostitutas sagradas, chamadas de "santas" (1Cor 6,12-20; 11,2-16). Elas tinham "lugares reservados" nos teatros e espetáculos culturais.

f. Cultura. Do ponto de vista cultural, a cidade ostenta e movimenta toda a infraestrutura de uma *pólis* grega. Além da grande praça (100 x 200 metros), em torno da qual havia pórticos e lojas (bazares), Corinto possuía um odeão, dois teatros, um deles coberto, com capacidade para 18 mil pessoas sentadas, além de um anfiteatro. Realizavam-se nele os festivais da cultura. Na época de Paulo, Corinto era culturalmente mais importante que Atenas. Finalmente, merecem memória os jogos ístmicos, realizados a cada dois anos (veja 1 Coríntios 9,24-27).

2. As comunidades

a. A versão de Lucas (At 18,1-18). Lucas dedica mais espaço à fundação das comunidades filipenses do que às comunidades de Corinto. Após o fracasso diante das elites intelectuais de Atenas (At 17,16-34), Paulo chega a Corinto. É o ano 50 (segunda viagem de Paulo, ponto extremo da ida e começo da volta). Foi morar de favor, trabalhando com as próprias mãos durante a semana (18,3). Aos sábados, na sinagoga composta de judeus e gregos, anuncia Jesus Cristo (18,4). A chegada de Silas e Timóteo da Macedônia (talvez com ajuda financeira, veja 2 Coríntios 11,9) permite a Paulo dedicar tempo integral à pregação (At 18,5).

Rejeitado pelos judeus, dirige-se aos pagãos. A mudança de endereço é estratégica: ele deixa a casa do casal judeu (Áquila e Priscila), e se hospeda na casa de um pagão, certo Justo, ao lado da sinagoga (18,6-7). A casa passa a ocupar o lugar da sinagoga. É um passo adiante, decisivo para a abertura aos pagãos. Em Filipos não havia sinagoga, e os fiéis se reuniam nas casas (de Lídia e do carcereiro). Em Corinto há sinagoga, mas os fiéis formam núcleos de cristãos nas casas.

Crispo, chefe da sinagoga, com a família, converte-se. É mais uma igreja doméstica em Corinto (18,8). Temos, pois, as seguintes igrejas domésticas nessa cidade: a casa de Áquila e Priscila, a casa de Justo, a casa de Crispo e, provavelmente, a casa de Sóstenes (18,17; 1Cor 1,1).

Paulo permaneceu 18 meses em Corinto, e teve de enfrentar um conflito (18,12-17). O que se esconde por trás disso? A acusação diante do procônsul é esta: *"Este indivíduo procura convencer os outros a adorar a Deus de maneira contrária à Lei"* (versículo 13). Trata-se de acusação religiosa com intenções políticas veladas. De fato, no contexto do Império Romano, os judeus desfrutavam de privilégios, como a liberdade de culto e a dispensa do serviço militar... Os acusadores de Paulo, para não perderem os privilégios, tentam mostrá-lo como rebelde à Lei dos judeus (e, consequentemente, à lei dos romanos). A tática não funcionou. Sóstenes, novo chefe da sinagoga, apanha (talvez por ter-se convertido), e o procônsul faz vista grossa.

b. A versão de Paulo (1Cor 1-4). Percorrendo os 4 primeiros capítulos de 1 Coríntios descobriremos duas coisas: o comportamento de Paulo durante os 18 meses de permanência em Corinto e o perfil dessas comunidades alguns anos após terem sido fundadas.

1. *O comportamento de Paulo (incluindo, às vezes, Apolo)*. Paulo não recorreu à sabedoria da linguagem para anunciar Jesus (1,17; 2,1), ou seja, não copiou os métodos e comportamento da elite intelectual – os "sábios" (2,4). Para falar de realidades espirituais, não usa os recursos da sabedoria humana (2,13). O poder de sua comunicação tinha outra fonte, o Espírito de Deus (2,12), por isso ele se comporta como os "loucos". O conteúdo de sua mensagem também é novo: anuncia Cristo crucificado, escândalo para os judeus (Dt 21,22-23) e loucura para os pagãos (1,23; 2,2). Não imitou os poderosos e prestigiosos, mas esteve em Corinto cheio de fraqueza, receio e tremor (2,3).

Por que agiu dessa forma? Porque os evangelizadores são servidores do povo para a fé (comparar com o hino de Filipenses 2,6-11). Se há certa precedência (Paulo plantou, Apolo regou), o mérito vem de quem faz crescer (3,5-9). A evangelização é um serviço (compare com 9,16). Por isso, ele quer ser considerado como servidor de Cristo e administrador dos mistérios de Deus (4,1-2), cujo julgamento Paulo irá se submeter (4,3-5). Como servidor, Paulo pertence aos coríntios, que possuem tudo, mas pertencem a Cristo, que pertence a Deus (3,21-23).

O título "apóstolo" não contempla privilégios. A palavra que o resume é "servidor". Por isso, o lugar social do apóstolo-servo é entre os últimos, como condenado à morte, espetáculo para todos (mundo, anjos, homens) – situação dos escravos – louco, fraco, desprezado, sofrendo fome, sede, frio, maus-tratos; morando de favor, trabalhando com as próprias mãos, amaldiçoado, perseguido, caluniado: lixo do mundo, escória do universo (4,9-13).

O perfil não está completo sem a metáfora do evangelizador arquiteto, que lança um alicerce insubstituível, Jesus Cristo (3,10-15), e sem considerar a paternidade de Paulo, fundador das comunidades. Ele não se posiciona entre Jesus Cristo e os fiéis. Eles não constroem a própria vida e história senão sobre um único alicerce, o Senhor. Paulo é o único pai dos coríntios, pois por meio do evangelho os gerou para Cristo (4,14-16); promete visitá-los, e, enquanto pai, pode usar a vara ou o amor e a suavidade (4,19-20; compare com 1 Tessalonicenses 2,6-12 e Filipenses 1,8).

2. *O perfil das comunidades alguns anos depois.* Paulo afirma que os coríntios são *igreja* de Deus, *santificados* e *chamados a ser santos* (1,2). Mais ainda: Em Jesus receberam todas as *riquezas*, tanto da *palavra* quanto do *conhecimento* (1,5). O testemunho que dão de Cristo é firme, não lhes falta nenhum dom, e esperam a revelação de nosso Senhor Jesus Cristo (1,6-7).

Mas há também sombras: brigam entre si, criando grupos ou classes, clonando a sociedade injusta (1,10 e seguintes).

Não há muitos intelectuais, nem muitos poderosos, nem muitos da alta sociedade (1,26). Isso significa que a maioria não teve acesso ao saber, sem participação política e sem a posse de bens. A não participação no *saber*, na *política*, na *economia* faz com que as elites os considerem *loucos* (oposto de sábios), *fracos* (oposto de poderosos), *vis e desprezados* (oposto de prestigiosos). Mas Deus os escolheu para confundir os sábios, poderosos e prestigiosos (1,27-28; comparar com 4,8 e 4,9-13), ou seja, tornou-os participantes da sabedoria e do poder divinos. Deu-lhes aquilo que hoje chamaríamos de cidadania.

Mas os coríntios são ainda gente fraca e crianças na fé, e o motivo disso são as brigas e divisões (3,1-4). Paulo os chama de "plantação e construção de Deus" (3,9), templo de Deus, habitação do Espírito (3,16-17), possuem tudo, mas pertencem a Cristo, que pertence a Deus (3,21-23).

Na ausência de Paulo, alguns se encheram de orgulho (4,18) e se tornaram "ricos" (economia), "satisfeitos", "reis" (poder), o oposto do que eram socialmente (4,7-8). Com ironia, Paulo os chama de "prudentes", "fortes", "bem-considerados" (4,10).

3. As cartas

a. A correspondência de Paulo com Corinto. Somando as informações de Atos e das cartas aos coríntios, não se consegue reconstruir plenamente as viagens de Paulo a Corinto e as cartas enviadas a essa comunidade. A proposta abaixo supõe uma viagem (a segunda) ignorada por Atos e omitida nas cartas. Durante essa estada, aconteceu um conflito duro entre Paulo e alguém de Corinto. Supõe-se também que a segunda carta aos Coríntios seja um conjunto de cartas reunidas em uma só. Com base nisso, é possível fazer a seguinte reconstituição:

Primeira viagem (ano 50). Fundação (At 18,1-18).

Primeira carta, perdida (veja 1 Coríntios 5,9: "Eu escrevi a vocês em *minha carta*, que não tivessem contato com pessoas imorais"). Alguns autores pensam que seja a atual 2 Coríntios 6,14-7,4, sobretudo por causa de 6,14-18.

Segunda carta (ano 54, escrita em Éfeso). É a atual 1 Coríntios, talvez levada por Timóteo (veja 1 Coríntios 4,17 e a ameaça da vara em 4,20).

Segunda viagem (ano 55, não documentada). Explode o conflito contra Paulo.

Terceira carta (ano 55, escrita em Éfeso). É a atual 2 Coríntios 2,14-7,4.

Quarta carta (ano 55, escrita em Éfeso. Tito talvez seja o portador. É a atual 2Coríntios 10-13, chamada de "carta escrita chorando" (2Cor 2,4). Veja 2 Coríntios 12,14 e 13,1-2, em que Paulo afirma estar pronto a ir a Corinto pela terceira vez (a segunda viagem, portanto, não foi documentada).

Quinta carta (ano 55 ou 56, escrita na Macedônia). É a atual 2 Coríntios 1,1-2,13 + 7,5-16.

Sexta carta (ano 55 ou 56, escrita talvez na Macedônia), levada por Tito. É a atual 2 Coríntios 8.

Sétima carta (ano 55 ou 56, escrita talvez na Macedônia), para as comunidades da Acaia. É a atual 2 Coríntios 9.

Terceira viagem (ano 56), por ocasião do mutirão internacional para os pobres de Jerusalém. Permanece três meses em Corinto (At 20,3) e escreve a carta aos Romanos.

b. A primeira carta aos Coríntios. Todas as cartas de Paulo são ocasionais e, por isso, pastorais. Dizer que são ocasionais não significa considerá-las descartáveis. Significa tomá-las em seu contexto sociocultural. Exemplo disso é o trecho que fala do véu das mulheres (1Cor 11,2-16). Há sempre uma situação concreta por trás de cada uma delas, de modo que devemos perguntar-nos quais fatos provocaram Paulo a enviar determinado texto a comunidades específicas. Outra constatação importante é esta: a teologia de Paulo parte do chão da vida das comunidades que fundou. Não faz teologia pelo simples prazer, mas, a partir de problemas conduz a uma reflexão e visão mais profundas acerca das pessoas, das comunidades, de Deus. É o pastor que cuida do rebanho, preocupado com as comunidades.

Diante disso, perguntamos o que provocou o surgimento da atual 1 Coríntios. Fazendo isso, teremos um retrato das comunidades coríntias e notaremos que Paulo tem de administrar problemas. Ele estava em Éfeso quando recebeu notícias de alguns da casa da senhora Cloé (1,11) e, talvez, de Estéfanas, Fortunato e Acaico, que foram visitar Paulo em Éfeso (16,15.17). 1 Coríntios 7,1 menciona uma carta dos coríntios a Paulo, pedindo esclarecimentos acerca de várias questões. Os portadores dessa carta poderiam ter sido Estéfanas, Fortunato e Acaico.

Quais os problemas que perturbavam a vida dessas comunidades? *No cotidiano havia:*

1. Brigas por causa dos evangelizadores, criando facções (Paulo, Apolo, Pedro, Cristo): 1,10-4,21;
2. Alguém tomou a madrasta por esposa (capítulo 5);
3. Os não cristãos julgam as brigas dos cristãos (6,1-11);
4. Cristãos que acham normal frequentar prostitutas (6,12-20).

São as más notícias levadas pelos familiares de Cloé. A partir de 7,1 Paulo responde às questões da carta que os coríntios lhe enviaram. E os problemas continuam:

5. Casais que se abstêm de relações sexuais (7,1-7);
6. A situação dos separados, solteiros, viúvos(as) (7,8-9);
7. Separação de casais (7,10-11);
8. Casamentos entre cristãos e não cristãos (7,12-16);
9. Circuncisão: sim ou não? (7,17-20);
10. Escravos na comunidade: o que fazer? (7,21-24);
11. Virgindade (7,25-35);
12. Noivado interrompido (7,36-38);
13. Viúvas (7,39-40);
14. As carnes sacrificadas aos ídolos (capítulos 8 e 10,1-11,1).

Nas celebrações havia:

15. Mulheres orando e profetizando de cabeça descoberta (11,2-16);
16. Pobres passando fome na Ceia do Senhor (11,17-34);
17. Os carismas mais cobiçados: falar em línguas e profetizar. E os outros? O maior é o amor (capítulos 12-14) e
18. Existe ou não a ressurreição dos mortos? (Capítulo 15).

O capítulo 16 é a conclusão: mutirão internacional (ver 2 Coríntios 8-9), projetos, saudações.

II. CONHECENDO A CARTA

Endereço, saudação e ação de graças (1,1-9). Comparando o início de 1 Coríntios com 1 Tessalonicenses e Filipenses, percebemos logo as diferenças. Em 1 Tessalonicenses tínhamos Paulo, Silvano e Timóteo praticamente em pé de igualdade e sem títulos; em Filipenses, Paulo e Timóteo se apresentam como *servos;* em 1 Coríntios, há separação nítida: Sóstenes (veja Atos dos Apóstolos 18,17) recebe o título comum aos cristãos – irmão –, ao passo que Paulo faz valer o título de *apóstolo,* e apóstolo de Cristo Jesus por vontade de Deus. A carta se abre assim com tom polêmico (veja capítulo 9), alertando-nos que encontraremos tempestades pela frente. Apesar disso, os cristãos de Corinto – maioria de loucos, fracos, vis e desprezíveis (veja 1,26) – são chamados de "igreja". Paulo *foi chamado* a ser apóstolo, e os coríntios *santificados* (pelo batismo) e *chamados* a ser santos (veja capítulos 5-6), em comunhão com todos os que invocam o mesmo Senhor, Jesus Cristo.

Como na maioria das cartas (exceto Gálatas), Paulo inicia *agradecendo* a Deus, mesmo sabendo que as comunidades coríntias estão cercadas de problemas e conflitos internos. Os motivos são estes:

1. Deus concedeu-lhes, em Cristo Jesus, *a graça*. Paulo não especifica aqui, mas sabemos que se trata do anúncio do Evangelho e seus efeitos: a fé, o batismo, a formação de comunidades, nas quais

2. os cristãos foram cumulados de toda espécie de riquezas – da palavra e do conhecimento. Conhecendo o teor da carta, podemos ser levados a ver aqui a ironia do apóstolo. De fato, os coríntios eram ricos de nada. Mas é possível, em lugar da ironia, descobrir a pedagogia de Paulo: apesar de escrever a comunidades problemáticas, encontra razões para agradecer, olhando positivamente a vida dessas comunidades.

3. O testemunho de Cristo é firme entre os coríntios (capítulos 8 e 10).
4. Estão repletos de dons, e não lhes falta dom algum (capítulos 12-14).
5. Esperam a revelação de nosso Senhor Jesus Cristo (veja capítulo 15).

Paulo vê a relação Deus (Jesus Cristo) e as igrejas domésticas de Corinto como relação de nova Aliança. Deus mostrou sua fidelidade em Jesus Cristo, e os coríntios, acolhendo o Evangelho de Paulo, tornaram-se povo aliado de Deus. Note-se, em 1,1-9, a forte insistência em Jesus Cristo (9 vezes), chamado de *Senhor* (5 vezes). É o primeiro alerta acerca das divisões nas comunidades.

1. Tensões e conflitos comunitários

a. Comunidades divididas = comunidades enfraquecidas (1,10-4,21). Os familiares da senhora Cloé informaram Paulo acerca das divisões entre membros das comunidades, formando grupos rivais e envolvendo os missionários: o grupo de Apolo (composto provavelmente pela elite intelectual com ele identificada – veja Atos dos Apóstolos 18,24 e seguintes), o grupo de Paulo (provavelmente a maioria: loucos, fracos, desprezíveis...), o grupo de Cefas (que detém o título de apóstolo como privilégio, onerando as comunidades) e o grupo de Cristo (veja 1,11-12).

Paulo inicia exortando à concórdia, que se traduz na unidade de espírito e em um único pensar (1,10; veja Filipenses 2,2; 4,2). E a partir desses fatos, tece longa reflexão, entrelaçando 4 temas:

1. O alicerce das comunidades é Jesus Cristo. Ele é o centro, a razão de ser dos cristãos. Consequentemente,

2. os missionários não são alicerce nem razão de ser dos cristãos. Qual é, portanto, o perfil dos evangelizadores? Esses dois temas se encontram entrelaçados em 1,10-17; 3,1-17; 4,1-13; 4,14-21. Tudo isso é prova de que

3. a sabedoria de Deus é diferente da sabedoria humana, e se manifesta na cruz de Cristo. É por isso que
4. os sábios deste mundo, fechados em sua autossuficiência, não alcançam a sabedoria divina revelada aos "loucos" e por eles acolhida. Esses dois temas estão entrelaçados em 1,18-2,16; 3,18-23.

O fato de Paulo entrelaçar 4 temas em 1,10-4,21 é significativo. Denota que se exigem reciprocamente, formando unidade.

Primeiro tema: O alicerce das comunidades é Jesus Cristo (1,10-17; 3,1-17; 4,1-13). Paulo apela à unidade: Cristo é um só. Mais adiante (capítulos 5-6 e 12) apresentará o tema "comunidade, corpo de Cristo". A centralidade de Cristo reside no fato de somente ele (e não Paulo) ter sido crucificado em favor de todos, e também no fato de todos terem sido batizados no nome de Cristo (1,13). Paulo, em sua estada de 18 meses em Corinto, anunciou somente Jesus Cristo crucificado (2,2), poder de Deus e sabedoria de Deus (1,24). Usando imagem da construção civil, Paulo se compara ao bom arquiteto que escolhe o alicerce certo para a construção da comunidade: Jesus Cristo. E adverte que ninguém pode trocá-lo ou substituí-lo (3,11).

Segundo tema: perfil do apóstolo (1,10-17; 3,1-17; 4,1-13; 4,14-21). Paulo, chamado para ser apóstolo, entrou em Corinto pela porta dos deserdados, identificando-se com eles em tudo (trabalhando com as próprias mãos, vivendo de favor e sem endereço fixo). Baixou de condição social, fez-se *apóstolo-servo* para anunciar aos pobres de Corinto um crucificado como eles e que deu a vida por eles, Jesus Cristo. Fez-se "louco", não usando os critérios da elite para falar de alguém crucificado, escândalo e loucura: "Cristo me enviou... para anunciar o Evangelho, sem usar a sabedoria da linguagem, a fim de que a cruz de Cristo não se torne inútil" (1,17); "nós anunciamos Cristo crucificado. Para os judeus, ele é escândalo, para os pagãos, loucura. Mas para aqueles que são chamados, tanto judeus como gregos, é Cristo, poder de Deus e sabedoria de Deus" (1,17.23-24).

Ele fez isso sem recorrer à "sabedoria humana", ao poder do saber (1,17), identificando-se com os "loucos" de Corinto. Em outras palavras, encontrou a linguagem certa para se comunicar com os excluídos e comunicar-lhes o crucificado: "Irmãos quando fui até vocês, não me apresentei com o prestígio da palavra ou da sabedoria para lhes anunciar o mistério de Deus... Estive aí cheio de fraqueza, receio e tremor. Minha palavra e minha pregação nada tinham da persuasiva linguagem da sabedoria..." (2,1.3-4).

A metáfora do leite (3,2) faz pensar na mãe que amamenta seu bebê (comparar com 1 Tessalonicenses 2,6-8), e 1 Coríntios 4,14-21 mostra claramente de que forma Paulo realiza a paternidade. Chama os coríntios de "filhos queridos", pede que o imitem, por ser ele seu verdadeiro pai, pois os gerou, pelo Evangelho, em Cristo Jesus. A imagem de Paulo enquanto pai que educa os filhos para a vida cidadã é familiar (veja 1 Tessalonicenses 2,8 e seguintes; Filipenses 2,22; 1 Coríntios 4,17). Aqui, salientam-se os opostos: obediência + mansidão ou desobediência + vara.

Outra característica de Paulo apóstolo é esta: ele não se fez, mas foi feito apóstolo. Recebeu um chamado, uma ordem superior, e não lhe é permitido discutir ou rejeitar. Houve uma espécie de arrebatamento, do qual não pôde escapar, à semelhança dos grandes personagens do passado – Moisés, Jeremias... Simplesmente obedece, cumprindo um mandato, sem direito à remuneração (capítulo 9). A palavra que traduz bem o que ele entende por apóstolo é *servidor:* "*Portanto, quem é Apolo? Quem é Paulo? Servidores pelos quais vocês foram conduzidos à fé*" (3,5). Usando metáfora agrícola (3,6-9), ele salienta que, embora tenha sido pioneiro e pai em Corinto ("*eu plantei...*"), a fecundidade da missão é sempre dom de Deus ("*... é Deus quem fazia crescer*").

Finalmente, a característica do *administrador*; "*As pessoas devem ver em nós servidores de Cristo e administradores dos mistérios de Deus*" (4,1). O que se exige de um administrador? Fidelidade, ser merecedor da confiança (4,2). O texto já deixa vislumbrar tempestade, tema de 2 Coríntios. A mesma transparência detectada em 1 Tessalonicenses 2,1 e seguintes reaparece aqui: "... a minha consciência não me acusa de nada" (4,4).

> **Exercício: O lugar social do apóstolo**
>
> Leia 1 Coríntios 4,9-13 e relacione os opostos:
>
> *O que os outros dizem*   *O que Paulo diz*
>
> Primeiro lugar ❶   ○ Fracos
>
> Prudentes em Cristo ❷   ○ Trabalhar com as próprias mãos
>
> Fortes ❸   ❶ Último lugar
>
> Bem considerados ❹   ○ Sem morada certa
>
> Alimentados/vestidos ❺   ○ Loucos em Cristo
>
> Morada certa ❻   ○ Fome, sede, nudez
>
> Sem trabalho manual ❼   ○ Desprezados

Respostas: 3; 7; 1; 6; 2; 5; 4.

Terceiro tema: A sabedoria de Deus é diferente da sabedoria humana (1,18-2,16; 3,18-28). Paulo certamente conhece a tradição sapiencial transmitida pelo Antigo Testamento, sobretudo em Provérbios e Sabedoria. Para os livros sapienciais, a Sabedoria é a companheira ideal de todo ser humano. Contudo, o que é a Sabedoria? Difícil dizê-lo em poucas palavras, mas podemos tentar uma resposta aproximada: Sabedoria é o sentido da vida presente em cada coisa criada, ou seja, ela se identifica com o projeto de Deus na criação. Para adquiri-la é preciso pedi-la a Deus. Ela começa a fazer parte de nossa vida quando respeitamos a Deus, pois o princípio da Sabedoria é o temor do Senhor (veja Provérbios 1,7; 9,10; 15,33; Eclesiástico 1,14; Jó 28,28). E temê-lo significa aceitar que os pensamentos e os projetos dele estão muito acima dos nossos pensamentos e projetos (Is 40,13; 55,8-9; veja Salmos 92,6-7; 111,2; Romanos 11,33-35). A pessoa que percorre esse caminho se torna sábia, mesmo que não tenha frequentado escola ou universidade.

A Sabedoria bíblica não se confunde com cultura ou erudição. Os poucos "sábios" das comunidades coríntias julgavam-se tais por saberem ler e escrever, por terem adquirido erudição e formação acadêmica. Esse tipo de ciência/conhecimento provoca a inflação da pessoa (8,1). O homem se torna autossuficiente e ameaça ocupar o lugar de Deus. Paulo, certamente, sabia disso e tinha em mente o episódio de Adão e Eva, seduzidos pela serpente a comer da árvore do conhecimento do bem e do mal, para serem deuses (Gn 3,1 e seguintes).

Na Grécia antiga, o sábio (isto é, a pessoa culta) normalmente era também rico e famoso. Alguns o consideravam um pouco inferior a Zeus, divindade mais importante no panteão grego. Vendia sabedoria, não devia trabalhar, vivia de privilégios. Era uma espécie de "rei dos reis", pois conhecia os mistérios do mundo e sabia interpretar os acontecimentos. Poucos chegavam a ser sábios, pois isso dependia de um capricho dos deuses. Além disso, os sábios consideravam-se intérpretes da vontade dos deuses. Eles decidiam o que poderia proceder da divindade ou não.

Deus transtornou radicalmente o quadro da sabedoria grega, pois o Crucificado que Paulo anuncia – escândalo para os judeus e loucura para os gregos – é expressão última da sabedoria e do poder divinos (1,23-24). Como Maria no seu cântico, Paulo proclama que Deus escolheu o que é loucura no mundo para confundir os sábios (1,27; veja Lucas 1,52 e seguinte).

Quarto tema: Os sábios deste mundo não alcançam a sabedoria divina (1,28-2,16; 3,18-28). A base desse tema – desenvolvido também em Romanos 1,18 e seguintes – está em Sabedoria 13,1: "Sim, naturalmente vazias foram todas as pessoas que ignoraram a Deus e que, partindo dos bens visíveis, não foram capazes de reconhecer Aquele que é, nem considerando as obras, de reconhecer o Autor delas". Fechados em sua autossuficiência, os sábios deste mundo não descobrem a Sabedoria, que é o sentido da vida presente em cada coisa criada. No sentido da vida presente em cada criatura lateja o Sentido, ou seja, o próprio Deus, seu autor. A erudição dos sábios, em vez de abrir o caminho à Sabedoria, fechou-o. Eles, tidos como intérpretes da vontade divina, não descobriram o projeto de Deus, aquilo que ele preparou para os que o amam. Pelo contrário, "nenhum dos chefes deste mundo conheceu essa Sabedoria. De fato, se a tivessem conhecido, não teriam crucificado o Senhor da Glória" (1Cor 2,8).

b. "Purifiquem-se... para serem massa nova" (5,1-13). O desejo de Paulo acerca das comunidades é que sejam lugar de relações novas, sem sombra alguma das relações desiguais e injustas da sociedade em que vivem. Dessa forma, elas se apresentam ao mundo como sal e luz, gerando uma nova realidade. O encontro com Cristo é o divisor de águas entre um passado de idolatria e um presente de vida nova (veja 1 Tessalonicenses 1,9; Filipenses 2,15; 1 Coríntios 6,11-12; 12,2). Paulo se irrita quando suas comunidades reproduzem as mesmas arbitrariedades e injustiças dos que não creem em Deus (veja 1 Tessalonicenses 4,13). De fato, se os cristãos não vivem novidade alguma, para que vieram? São sal que perdeu o sabor, fermento incapaz de levedar.

É disso que tratam os capítulos 5-6, apontando 3 problemas graves nas comunidades coríntias.

Imoralidade: um cristão vive maritalmente com a madrasta (capítulo 5). Levítico 18,8, bem como o direito romano, proíbem tal relação, embora alguns rabinos a tolerassem entre os pagãos. O concílio de Jerusalém proibia esse relacionamento (At 15,20). Está, portanto, posta a questão: os cristãos de Corinto fazem, aprovam e aplaudem o que a lei dos judeus e o direito dos romanos desaprovam. E note-se que, para Paulo, apesar de ser uma só pessoa a fazê-lo, toda a comunidade, de certo modo, está errando, quer pela aprovação, quer pelo silêncio comprometedor. Por causa de uma só pessoa, a aliança está comprometida.

1 Coríntios 5,1-13 começa apresentando o fato (versículos 1-2), prossegue com a solução encontrada por Paulo (versículos 3-5) e termina com a argumentação (versículos 6-13), na qual ele justifica a posição a ser tomada pela comunidade e reforça aquilo que pensa dos cristãos em um ambiente como o de Corinto. Apesar da atitude dura e intransigente do apóstolo em relação a quem errou, notam-se alguns aspectos importantes para a vida comunitária.

– Paulo já tem a sentença, mas quer envolver a comunidade: "já julguei... é preciso que... entreguemos...";
– Não se trata de um tribunal, mas de assembleia orante: "... *reunidos em assembleia com o poder de nosso Senhor Jesus...*";
– O objetivo primeiro (veja Mateus 18,15-18) é recuperar a pessoa que errou: "... entreguemos tal homem a Satanás, para a perda de sua carne, a fim de que o espírito seja salvo no dia do Senhor".

Os estudiosos discutem se o "entregar a Satanás" represente ou não certo tipo de excomunhão. De qualquer modo, o texto mostra quão importante era o fato de alguém pertencer à comunidade, e salienta que isso está sendo feito não para destruir quem errou, mas para recuperá-lo.

A argumentação (versículo 6 e seguintes) mostra como Paulo vê os poucos cristãos vivendo em uma sociedade permissiva como a de Corinto. Usa o simbolismo do fermento, tomado em sentido negativo, como princípio de corrupção. Um pouco de fermento (o incestuoso) leveda a massa inteira (a comunidade). Ele pede para que os coríntios se purifiquem do velho fermento (os costumes anteriores ao batismo), para serem nova massa (portadores da novidade), já que são sem fermento (deixaram o estilo de vida anterior). E recorda o costume judaico de fazer desaparecer tudo o que era fermentado por ocasião da festa da Páscoa: "Portanto vamos celebrar a festa, não com velho fermento, nem com fermento de malícia e perversidade, mas com pães sem fermento, na pureza e na verdade" (versículo 8).

Paulo esclarece o sentido de um preceito escrito anteriormente e que reforça o que já foi dito (versículos 9-11). A conclusão cita Deuteronômio 13,6: "Afastai o mau do meio de vós".

c. "Mas vocês se lavaram, foram santificados, foram justificados..." (6,1-11). Quando deixam de ser sal e luz para o mundo, os cristãos reproduzem o modo de viver do mundo e arriscam expor suas discórdias aos olhos dos que não creem. É o máximo do contratestemunho. Já vimos os coríntios divididos. Agora, as divisões se aprofundam e aparecem as consequências: eles vão resolver seus conflitos diante de tribunais pagãos.

A tensão se dá entre sábios-fortes-prestigiosos e loucos-fracos-desprezíveis. Provavelmente, houve um caso de roubo (versículo 7), e o litígio é levado ao tribunal dos pagãos. Certamente os pagãos constatariam a inutilidade de ser cristão, pois "eles são como nós, e até piores". Paulo

– lamenta que haja divisões entre os cristãos;
– ironiza os sábios, perguntando se a sabedoria deles não produz bom senso: "Não se encontra entre vocês alguém suficientemente sábio para poder julgar entre irmãos?" (versículo 5);
– sugere que as comunidades resolvam internamente suas pendências. Nós dizemos "roupa suja se lava em casa".

Havia em Corinto vários tribunais, cuja instância superior era o governador. Os judeus também tinham tribunais para resolver questões referentes ao seu modo de viver. Já que não conseguem viver sem brigas, Paulo aconselha que se crie algo semelhante para solucionar conflitos entre irmãos. A ironia contra os "sábios" é forte: pergunta três vezes "acaso vocês não sabem...?" Argumenta com aquilo que Jesus disse aos Doze (versículo 2; veja Mateus 19,28) e serve-se de temas próprios da apocalíptica (o julgamento dos anjos). Jesus havia dito coisas severas contra o escândalo (Mc 9,42 e seguintes), e Paulo não reage diferentemente: afirma que é preferível ser injustiçado a ser injusto, defraudado a roubar. De fato, quando dois brigam, nenhum tem razão. E os pagãos concluirão que não vale a pena ser cristão.

Aqui também se salienta o batismo como divisor de águas. Há um antes e um depois que se opõem. Paulo, sem ser exaustivo, elenca uma série de "características" (pecados) do "antes". E justifica por que o "depois" é totalmente novo: "Mas vocês se lavaram, foram santificados, foram justificados em nome do Senhor Jesus Cristo e pelo Espírito de Deus" (versículo 11). O batismo foi o ponto de ruptura com o passado. Nas comunidades de Paulo, o batismo consistia em mergulhar na água (morte) e dela sair (ressurreição). Era o começo da vida nova.

d. "... o corpo de vocês é templo do Espírito Santo. Alguém pagou alto preço para resgatá-los; portanto, glorifiquem a Deus no corpo de vocês" (6,12-20). O último problema apontado pelos familiares de Cloé refere-se à fornicação/prostituição e mostra abertamente a postura dos sábios--fortes-prestigiosos diante da questão (recorde-se a fama de Corinto a esse respeito). A expressão "tudo me é permitido" (6,12) é, sem dúvida, um *slogan* dos "sábios" em sua pretensa liberdade em Cristo. Pode-se perceber na argumentação deles certo materialismo que não crê na ressurreição e equipara a relação sexual à necessidade física de comer. Separando espírito e corpo/matéria, construíram uma espécie de equação, assim formulada: os alimentos estão para o estômago como o corpo (do cristão e das prostitutas) está para o prazer sexual. Apetite por alimentos e apetite sexual são uma coisa só. E o fim de tudo – alimentos e corpo – é a destruição.

Paulo desmonta o argumento dos sábios percorrendo vários passos.

1. "Tudo me é permitido", é verdade, mas nem tudo convém. De fato, quem não vê limites acaba escravo de seus próprios desejos (nós podemos acrescentar: quem não vive uma *liberdade relacional* acaba escravizando os outros e tornando-os objeto).

2. Não é verdade que o corpo está para o prazer como os alimentos estão para o estômago. Por quê? Porque o corpo das pessoas tem outro senhorio e outra destinação. Não é somente com o espírito que estabelecemos comunhão com Deus, mas também com o corpo.

3. O corpo das pessoas pertence a Deus, que o plasmou e o fez a sua imagem e semelhança (Gn 1-2).

4. A destinação do corpo não é a destruição, mas a ressurreição (capítulo 15).

5. A relação sexual é a mais profunda forma de comunhão. Paulo salienta isso citando Gênesis 2,24: "Serão dois em uma só carne". Supera-se, dessa forma, a separação espírito/matéria.

6. Ora, a comunidade é o Corpo de Cristo, e cada um é membro desse Corpo. Portanto, se um membro desse Corpo se prostitui, está rejeitando o senhorio de Deus, prostitui o Corpo de Cristo.

Em uma cidade cheia de templos e de permissividade, os cristãos são portadores de algumas novidades importantes:

a. Deus habita no corpo de cada pessoa. A totalidade dos corpos constitui o Corpo de Cristo, o templo do Espírito Santo.

b. A relação sexual se reveste de sacralidade, pois é comunhão tão profunda que faz de duas pessoas uma só carne.

c. O corpo humano readquire sua dignidade de imagem e semelhança de Deus, e é destinado não à destruição, mas à ressurreição. Dentro de cada ser palpita o germe da ressurreição.

d. Fomos *resgatados* (linguagem comercial referindo-se à compra de escravos no mercado) por um preço incalculável, o sangue de Cristo. Por isso, não nos pertencemos. Somos dele.

2. "Passemos aos pontos sobre os quais me escreveram"

A 2ª parte de 1 Coríntios continua iluminando tensões comunitárias, mas a fonte de informação é outra: uma carta na qual se pedem orientações.

a. "O tempo se fez curto" (capítulo 7). Essa afirmação é a mais importante chave para compreender o extenso e variado capítulo 7. A pregação de Paulo ainda contemplava a iminente segunda vinda do Senhor (veja 15,51). Por isso a expressão "o tempo se fez curto" (versículo 29), afirmação que redimensiona tudo. Todos os temas deste capítulo

casados, versículos 1-7;
separados, solteiros, viúvos(as), versículos 8-9;
separação, versículos 10-11;
casamento entre cristãos e não cristãos, versículos 12-16;
circuncisão: sim ou não?, versículos 17-20;
escravos, versículos 21-24;
virgindade, versículos 25-35;
noivado interrompido, versículos 36-38;
viúvas, versículos 39-40,

devem ser entendidos à luz desse princípio. Seus condicionamentos também.

Além disso, tenhamos presente a consequência principal da parúsia iminente, ou seja, a atitude mais adequada de se esperar a segunda vinda. No judaísmo – basicamente uma religião de raça – o povo de Deus crescia numericamente à medida que nascessem crianças, sobretudo meninos. Daí ser a esterilidade tomada como punição divina, a virgindade não receber nenhum aplauso em todo o Antigo Testamento e a prole numerosa ser tida como bênção de Deus.

A partir de Jesus, a perspectiva é outra. Todos os que aderem a ele e recebem o batismo são membros do povo de Deus, independentemente de raça. Em Paulo isso é muito claro (por exemplo, Gálatas 3,28). Diante do possível retorno iminente do Senhor, só há uma saída urgente: *gerar novos filhos* mediante o anúncio do Evangelho, pois a fé depende disso (Rm 10,14 e seguintes). Aí, o povo de Deus cresce numericamente à medida que vão crescendo as adesões a Jesus Cristo, com o batismo. Os coríntios entenderam bem a proposta de Paulo, e alguns a levaram ao exagero, dizendo, por exemplo, que "*é bom ao homem* (casado) *não tocar em mulher* (a própria esposa)" (versículo 1), ou rompendo a contragosto o noivado (versículos 36-38), ou solteiros e viúvas abrirem mão do casamento (versículos 8-9), ou, ainda, pretender desfazer o matrimônio (versículo 10 e seguinte).

Paulo vai iluminando todos esses questionamentos. Aos casados recomenda que cumpram o dever conjugal, dele abstendo-se somente de comum acordo e por tempo limitado, para se dedicarem à oração. E tem afirmações grandiosas acerca da mútua pertença: "A mulher não dispõe do seu corpo; mas é o marido quem dispõe. Do mesmo modo, o marido não dispõe do seu corpo; mas é a mulher quem dispõe" (versículo 4). A virgindade é ressaltada como dom (veja versículo 6), mas não se esgota em si mesma, pelo contrário, é em vista do Senhor, ou seja, do Reino (veja versículo 34). A circuncisão e a escravidão são relativizadas. Quanto à escravidão (o versículo 21 é de difícil tradução), convém ter presente a carta a Filemon, e traduzir os versículos 21-22 desta forma: "Você foi chamado sendo escravo? Não se importe; mas, se puder emancipar-se, aproveite a oportunidade. O que foi chamado sendo escravo é liberto do Senhor; o que foi chamado sendo livre, é escravo de Cristo".

b. "Sejam meus imitadores, como eu mesmo o sou de Cristo" (8,1-11,1). Um problema sério em Corinto ocupa três capítulos da carta: as carnes oferecidas aos ídolos. Vimos haver na cidade templos de divindades pagãs com sacrifícios de animais e banquetes sagrados em seus templos. Muitas carnes provinham desses sacrifícios. A carne não consumida nos templos pagãos era comercializada nas feiras e açougues da cidade. A questão é esta: pode um cristão participar de um banquete sagrado em um dos templos pagãos? (Essa era, provavelmente, a única chance de os pobres comerem carne.) Pode um cristão comprar carnes oferecidas aos ídolos e depois vendidas nos açougues ou feiras? Os fortes, ancorados em sua "ciência" e consciência esclarecida diziam que sim, pois os deuses dos pagãos não são Deus (8,1.4; veja Salmo 115,1-8). Os fracos, geralmente pessoas de consciência não esclarecida, viam nisso um ato de idolatria, pois participar de banquete sagrado em um templo pagão é criar comunhão com essa divindade, da mesma forma que o pão partido e o cálice abençoado (eucaristia) são comunhão com o corpo e o sangue de Cristo (10,16 e seguintes).

Paulo concorda com os fortes em princípio, pois sempre foi monoteísta convicto. Não é simples repetidor das decisões da assembleia de Jerusalém (veja Atos dos Apóstolos 15,29). Da mesma forma que redimensiona o "tudo me é permitido", afirmando que nem tudo é conveniente, redimensiona igualmente a afirmação "todos temos a ciência", acrescentando que a ciência incha, ao passo que o amor/solidariedade edifica. Pode dar a impressão de que Paulo seja um desmancha-prazeres, mas na verdade está mostrando que a liberdade humana é sempre relacional, ou seja, o *eu livre* tem diante de si outro *eu livre*. A liberdade relacional se submete à solidariedade (amor), sobretudo se o outro eu é alguém de consciência não esclarecida. Os fortes argumentavam que, dessa forma, acabavam perdendo a liberdade em Cristo. Paulo afirma que, evitando comer dessas carnes para não perder o irmão fraco, não perdemos nossa liberdade interior (veja Romanos 14, sobretudo o versículo 22). A pessoa permanece soberanamente livre. Se ostensivamente fizesse tudo o que deseja, então sim estaria perdendo, perdendo o irmão fraco, pelo qual Cristo morreu (8,11-13).

Perguntamo-nos se Paulo não é freio à liberdade em Cristo (Gl 5,1). A resposta é não. Embora não o diga abertamente, ele crê que um dia não haverá mais fracos na fé. Enquanto isso não acontecer, é preciso temperar a liberdade com o amor pelos fracos, à semelhança do apóstolo e sua opção pelos pobres. É disso que fala o monumental capítulo 9. Paulo tem todos os direitos que o título *apóstolo* confere: viu o Senhor, pode fundar comunidades, as comunidades por ele fundadas deveriam sustentá-lo, ele tem direito de levar nas viagens uma esposa cristã... Conhece um mandato do Senhor a esse respeito (veja Mateus 10,10), argumenta com exemplos do cotidiano e do Antigo Testamento (1Cor 9,7 e seguintes). Ele renunciou a todos esses privilégios sem deixar de sentir-se livre (9,1.19). Optou por ser *servo* de todos (versículos 19-23). Sente-se mais à vontade enquanto servo, pois o que está fazendo não surgiu de iniciativa própria, mas de uma ordem superior. Cumpre rigorosamente essa ordem, sentindo todo o peso de uma possível desobediência: "Ai de mim, se não anunciar o Evangelho!" (versículo 16). Nessa condição, apela à imitação: "Sejam meus imitadores, como eu mesmo o sou de Cristo" (11,1).

c. As mulheres profetizam (11,2-16). Os capítulos 11-14 iluminam três questões referentes à assembleia litúrgica:

1. *O véu das mulheres* (11,2-16);
2. *A Ceia do Senhor* (11,17-34);
3. *Os carismas* (capítulos 12-14).

11,2-16 é sem dúvida alguma o texto de Paulo mais maltratado, e mostra como não se pode universalizar aquilo que é contingente, social e culturalmente condicionado. Serve igualmente para perceber a exegese rabínica desse texto, da qual Paulo tenta libertar-se. É o único lugar em que se aborda essa temática, sinal de que era uma orientação ocasional. Paulo certamente não pretendia que essa prescrição assumisse dimensões universais.

Ele ordena às *esposas* cobrirem a cabeça com véu nas celebrações comunitárias, sobretudo ao orar ou profetizar (em público e para a assembleia).

Não se sabe exatamente o que levou Paulo a prescrever o uso do véu para as esposas cristãs nas celebrações comunitárias. Talvez para que não fossem tomadas por prostitutas sagradas do templo de Afrodite, que iniciavam os devotos da deusa com um rito envolvente, no qual a dança e os cabelos soltos desempenhavam papel importante. O capítulo 14 dá a entender que as celebrações eram animadas (versículos 26 e seguintes), sem monotonia, envolvendo, por exemplo, a dança. Para preservar as mulheres de mal-entendidos e, mais ainda, para dizer que ocupam espaço importante, Paulo ordena que cubram a cabeça. O véu emancipava a mulher, não a diminuía. Era sinal de sua autoridade. Recorde-se que, ainda hoje, nas sinagogas, são necessários dez varões para haver culto. As mulheres não contam. A grande novidade dessa perícope é que, em pé de igualdade com os homens, as esposas podem *orar* (em voz alta) na assembleia e *profetizar*, desde que cubram a cabeça.

Resta, contudo, a proibição de 14,34 e seguintes, que parece contradizer tudo o que vimos: "... estejam caladas as mulheres nas assembleias, pois não lhes é permitido tomar a palavra... Se desejam instruir-se sobre algum ponto, interroguem os maridos em casa...". Para alguns, esses versículos são acréscimo posterior. Mas isso não lhes tira o caráter de Palavra de Deus. Como, portanto, superar o impasse e conservar o princípio de Gálatas 3,28 ("não há mais homem nem mulher...")? Paulo encontrou as mulheres coríntias em nítida desvantagem em relação aos homens nas questões religiosas.

Para ele é claro que elas podem profetizar (11,5). Em 14,34 e seguintes nota-se a defasagem das esposas: não têm a mesma formação religiosa dos maridos. Para não desvirtuar a celebração, Paulo ordena que se crie um novo espaço para que elas possam *instruir-se* com a ajuda dos maridos.

d. Comer e beber discernindo o Corpo (11,17-34). O texto mais antigo sobre a Ceia do Senhor mostra como os coríntios celebravam a Eucaristia. Era excelente oportunidade para a superação do abismo entre sábios-poderosos-prestigiosos e loucos-fracos-desprezíveis. A Ceia do Senhor começava com uma refeição fraterna, para a qual todos levavam algo a ser partilhado. O rico, dessa forma, provava quão duro era o cotidiano do pobre, e o pobre tinha a excelente oportunidade de se alimentar com as iguarias do rico, nas casas dos ricos. A partilha dos bens materiais desembocava na partilha do Corpo e do Sangue do Senhor Jesus, a Eucaristia, fonte de comunhão com Deus e com as pessoas.

Mas não era isso que acontecia. A demora dos pobres deixava impacientes os ricos, e eles, antes que os outros chegassem, devoravam tudo, talvez por não querer experimentar a comida dos pobres. Resultado: "Cada um se apressa por comer sua própria ceia; e, enquanto um passa fome, o outro fica embriagado" (versículo 21), envergonhando assim os que nada têm e desprezando a Igreja de Deus.

A narrativa da instituição da Eucaristia salienta aspectos que iluminam o egoísmo dos ricos, propondo comunhão fraterna. De fato, na noite em que foi *entregue*, o Senhor tomou o pão, agradeceu, *partiu* e *deu*. Entregar-se, repartir, doar são termos que traduzem a essência da Eucaristia. Pão para todos e cálice que não exclui apontam para as condições de uma celebração.

Terminada a narrativa da instituição, Paulo adverte (versículo 29): "Aquele que come e bebe sem discernir o Corpo, come e bebe a própria condenação". De qual Corpo se trata:

Corpo de Cristo ou Corpo social, a comunidade? A questão permanece aberta. Não se trata de discernir somente o Corpo de Cristo – perspectiva que predominou na história –, mas discernir igualmente o Corpo social, a comunidade. Em outras palavras, Paulo parece dizer que quando comungamos o Corpo de Cristo devemos estar em comunhão também com os membros desse Corpo, as pessoas concretas da comunidade, os que nada têm. A advertência é grave: *"come e bebe a própria condenação"*.

Paulo não abre mão desse princípio. E ordena esperar uns aos outros para celebrar a Ceia do Senhor. Ficam dessa forma cimentadas para sempre, formando uma só realidade, a comunhão com o Corpo de Cristo e a comunhão com o Corpo social, a comunidade, Corpo de Cristo. Descarta-se assim o aspecto intimista da Eucaristia. Fome de pão e fome de Cristo são inseparáveis.

Algumas frases-chave

Tente completar algumas frases-chave de Paulo. Em seguida, confira em sua Bíblia.

(6,12): Tudo me é permitido, mas_____

(6,19): O corpo de vocês é_____

(8,11): Se um alimento é ocasião de queda para meu irmão, _____

(9,16): Ai de mim se eu não_____

(11,1): Sejam meus imitadores _____

(11,21): Enquanto um passa fome, o outro _____

e. O caminho que ultrapassa a todos (capítulos 12-14). Paulo dedica três capítulos ao tema "carismas", sinal de que essa questão era muito importante para os coríntios. Aqui também, como em 11,2-16, trata-se de um fenômeno restrito basicamente às comunidades coríntias. Infelizmente, há quem pretenda torná-lo universal (o que acontecia em Corinto não era exatamente a mesma coisa que no Pentecostes de Atos dos Apóstolos 2,1-11). Em Corinto, o dom das línguas é exaltado e ambicionado como se fosse a maior manifestação do Espírito. O próprio Paulo confessa falar em línguas mais que todos os coríntios juntos (14,18). Falar em línguas era um modo de orar a Deus sem a contribuição da mente, produzindo sons inarticulados (não se trata de idiomas antigos ou modernos).

Paulo não duvida da existência desse dom do Espírito. Simplesmente corrige a perspectiva fechada e inflada dos que viam aí a maior (e praticamente exclusiva) manifestação do Espírito. Ele inicia recordando o passado pagão – insinuando, talvez, que o incorreto uso dos carismas pode levar à reprodução da sociedade injusta – e continua alargando os horizontes da comunidade: há grande diversidade de carismas, e todos eles procedem da Trindade: "Cada um recebe o dom de manifestar o Espírito para a utilidade de todos" (12,7). Nessa afirmação estão as duas principais características do carisma: é dom e destina-se não somente à pessoa, mas à edificação de todos. Paulo insiste na destinação social dos carismas. E elenca uma série de carismas. São nove, e o dom das línguas ocupa o penúltimo lugar, associado à interpretação delas. A profecia – outro carisma ambicionado pelos coríntios – ocupa o 6º lugar.

Classificação dos carismas

Na coluna da esquerda, observe a classificação de alguns carismas segundo Paulo em 1 Coríntios 12,8-10. Na coluna da direita, faça a classificação que você achar melhor (incluindo outros carismas):

1º lugar:
Sabedoria

1º lugar:
_____

2º lugar:
Ciência

2º lugar:
_____

3º lugar:
Fé

3º lugar:
_____

4º lugar:
Dom das curas

4º lugar:
_____

5º lugar:
Fazer milagres

5º lugar:
_____

6º lugar:
Profecia

6º lugar:
_____

7º lugar:
Discernimento dos espíritos

7º lugar:
_____

8º lugar:
Falar em línguas

8º lugar:
_____

9º lugar:
Interpretar as línguas

9º lugar:
_____

Alargado o horizonte, Paulo desenvolve o tema do corpo, metáfora da comunidade, Corpo de Cristo. Os membros de um corpo físico formam unidade na diversidade de suas funções. Assim acontece na comunidade: cada um recebeu um dom do Espírito para a edificação do Corpo, a comunidade. Há pessoas que exercem a função do ouvido, do pé – saber escutar, suportar tarefas pesadas –, e quem exerce funções, aparentemente, mais nobres não pode dizer que não precisa delas. Desse modo, descobre-se que ninguém possui o Espírito em sua totalidade, e ninguém está privado da manifestação do mesmo Espírito.

No elenco de 8 funções (12,28-30), o falar em línguas ocupa o último lugar, e o poema ao amor – caminho que ultrapassa a todos, capítulo 13 – mostra que o amor afetivo e efetivo é o sentido de todos os dons. Sem o amor que edifica, o dom das línguas é só barulho ensurdecedor, a profecia e a ciência são nada.

Posto o alicerce, vêm as consequências (capítulo 14). Tudo deve ser direcionado à edificação da comunidade, destinação última dos carismas. A profecia é mais importante do que o orar em línguas estranhas. Se alguém tem o dom de falar em línguas, deve também poder traduzi-las ou buscar quem explique, para que a comunidade seja edificada. Caso contrário, deve ficar calado ou fazê-lo longe das pessoas. Finalmente, estabelece-se a ordem (as celebrações deviam ser bastante agitadas): dois ou três orem em línguas, um por vez, e alguém interprete; dois ou três profetizem, um por vez, e outros avaliem se a profecia vem do Espírito ou não.

f. "Cristo ressuscitou dos mortos, primeiro fruto dos que adormeceram" (capítulo 15). O mais longo capítulo de 1 Coríntios é dedicado à ressurreição de Cristo e nossa. Temos, aqui, um choque de culturas e, mais ainda, o capítulo mostra o Evangelho iluminando e purificando a cultura grega. De fato, desde Platão, a filosofia e a cultura gregas, em geral, depreciavam a matéria, tida como má e destinada ao desaparecimento. O corpo humano era visto como prisão da alma, e libertar-se dessa prisão era o mais profundo anseio humano. Esse pensamento contaminou até os últimos livros do Antigo Testamento (veja Sabedoria 9,15: "Um corpo corruptível pesa sobre a alma e esta tenda de barro faz o espírito pesar com muitas preocupações"). Lucas registra o deboche dos intelectuais de Atenas a partir do momento em que Paulo começa a falar de ressurreição (veja Atos dos Apóstolos 17,22-34).

O núcleo da pregação do apóstolo e da fé cristã não era facilmente assimilado pelos fiéis coríntios. Uns admitiam a imortalidade da alma, mas não a ressurreição do corpo; outros, materialistas, negavam qualquer possibilidade de vida após a morte. O importante era curtir a vida: vamos desfrutar a vida – comer e beber – porque amanhã morreremos. Outros, enfim, entenderam só parcialmente a pregação de Paulo acerca do batismo, apresentado como morrer-ressuscitar para vida nova. Para essas pessoas, a ressurreição acontecia no batismo. A morte cancelava tudo.

As consequências desse modo de pensar eram e são graves. O desprezo pelo corpo e pela matéria, de modo geral, gera um submundo cruel: escravização, exploração, prostituição (6,12 e seguintes); em poucas palavras, profanação e destruição da morada do Espírito (3,16-17; 6,19-20). Se, de fato, acreditássemos no "creio na ressurreição da carne" – não apenas na imortalidade da alma – nossa postura em relação ao próprio corpo e ao corpo dos outros seria muito diferente.

Para falar da ressurreição de Jesus e nossa, Paulo apela ao método catequético dos primeiros cristãos: receber-transmitir-conservar: ele *recebeu* (em outros lugares mostra de quem recebeu, Gl 1,12; 2Cor 12,1) e *transmitiu* (no sentido positivo de *tradição*, veja Salmo 78,1-8). Da parte dos fiéis, *acolher e permanecer* firmes (15,1-3). Nota-se, nos versículos 3 e seguintes uma espécie de *Credo*, síntese do anúncio central: Cristo morreu por nossos pecados e ressuscitou. As sucessivas aparições comprovam que ele venceu a morte. É isso que as testemunhas oculares anunciam e testificam unânimes. Negar isso é pôr tudo a perder: testemunho, pregação, fé, salvação.

Cristo ressuscitou como primícias dos que morreram (15,20; Apocalipse 1,5 o chama de "primogênito dentre os mortos"). Primícias são os primeiros frutos de uma colheita abundante.

Ressuscitando para não mais sofrer a morte, ele abriu o caminho da ressurreição e da vida imortal para todos. Se a morte tivesse vencido Jesus, nossa vida seria trágica e cruel.

Alguns coríntios tinham curiosidade em conhecer *como os mortos ressuscitam* (15,35 e seguintes). Paulo recorre à botânica, à astronomia, à teologia para tentar esclarecer aquilo que continua mistério. Há uma certeza, uma luz forte: ele venceu e vencerá por nós a morte, para que Deus seja tudo em todos.

g. "Façam tudo com amor" (16,1-24). O último capítulo apresenta vários temas na forma de exortações, notícias, planos e saudações. Salientamos os mais significativos.

1. *A solidariedade com os pobres de Jerusalém.* A preocupação de Paulo com os cristãos (santos) pobres de Jerusalém foi constante (Gl 2,10). Quando escreve aos coríntios, está pondo em movimento uma rede internacional de solidariedade para com os empobrecidos da Igreja-mãe. Ele recomenda que se proceda na Acaia do mesmo modo que fazem os cristãos gálatas (sinal de que os contatos de Paulo com a Galácia foram além de uma visita inicial e de uma carta). No domingo – dia do encontro da comunidade para celebrar a fé – cada um oferece o que conseguiu poupar. Parece que os coríntios e a Acaia, como um todo, não foram tão solícitos nesse empreendimento (veja 2 Coríntios 8-9). Paulo como que pressente isso, e toma precauções para que o dinheiro não seja desviado para mãos sem escrúpulo (16,3-4; veja a acusação contra Paulo em 2 Coríntios 12,16-18). Ele sempre quis ser transparente (1Ts 2,1 e seguintes; 2Cor 1,17).

2. *Planos apostólicos.* De Éfeso, onde se encontra, ele pretende chegar a Corinto após ter visitado as comunidades da Macedônia (Filipos e Tessalônica). Conta com a ajuda dos coríntios para custear a viagem. Esses planos não se realizaram plenamente, e isso provocou agitação entre os fiéis (2Cor 1,15; veja, acima, a reconstrução das cartas e visitas de Paulo aos coríntios).

3. *O carinho com os colaboradores.* Pede que acolham bem Timóteo, "pois trabalha na obra do Senhor", que o tratem com respeito e o ajudem financeiramente. Apolo é chamado *irmão*, e Paulo nem se lembra dos conflitos que se criaram por causa deles dois. Pede para estimar a família de Estéfanas, reconhecendo o serviço que prestaram aos santos.

4. As *saudações* efusivas, calorosas, cheias de afeto. Há provas de carinho recíproco. Estéfanas, Fortunato e Acaico são portadores do afeto dos coríntios. Por sua vez, as igrejas da Ásia, o casal Áquila e Priscila, com a igreja doméstica reunida nessa casa, bem como os *irmãos*, mandam saudações. Não faltam o beijo fraterno, a assinatura de Paulo, a súplica para que o Senhor venha (*Maran atha*), encerrando com uma confissão de amor: "Com todos vocês está o meu amor em Cristo Jesus".

4
A segunda carta aos Coríntios

I. ANTES DE ABRIR A CARTA

Quantas cartas?

A comunicação entre Paulo e as comunidades de Corinto foi mais intensa do que se possa imaginar à primeira vista. Três viagens e, provavelmente, sete cartas testemunham a importância que essas comunidades tinham para ele e as preocupações que lhe causaram. Isso sem contar o envio de Timóteo e Tito, como pacificadores de tensões e conflitos. Aquela que conhecemos como segunda carta aos Coríntios parece ser um conjunto de cinco cartas distintas com seus problemas particulares. Essa subdivisão facilita a compreensão. Podemos tentar reconstituir os fatos da seguinte maneira.

No ano 50, Paulo chega a Corinto e funda comunidades (At 18,1-18). É a *primeira visita*. Tempos depois, escreve-lhes uma carta de alerta (veja 1 Coríntios 5,9: "Em minha carta, escrevi para que vocês não tivessem contato com gente imoral"). Essa carta se perdeu. Alguns estudiosos pensam que seja a atual 2 Coríntios 6,14-7,4, sobretudo por causa de 6,14-18.

Segunda viagem de Paulo
(ver mapa da p. 30)

Literatura paulina

No ano 54, em Éfeso, Paulo escreve novamente às comunidades. É a atual 1 Coríntios, e Timóteo deve ter sido o portador da carta. O clima contra Paulo em Corinto começava a pesar (veja 1 Coríntios 4,17; veja a ameaça da vara em 4,20).

Pelo ano 55, Paulo fez a *segunda visita* às comunidades. Essa visita não é mencionada em lugar nenhum, mas em 2 Coríntios 12,14 e 13,1-2 Paulo afirma estar pronto a ir a Corinto pela terceira vez. Durante a segunda visita, explodiu um conflito terrível contra Paulo. Uma pessoa (talvez liderando um grupo) o rejeitou duramente, acusando-o de muitas coisas. Paulo retorna a Éfeso e, nesse mesmo ano, escreve pela terceira vez. É a atual 2 Coríntios 2,14-7,4.

A situação em Corinto piorou. Antes do fim de 55, Paulo torna a escrever. Tito vai a Corinto pacificar as comunidades, levando a carta escrita em meio a muitas lágrimas. É a atual 2 Coríntios 10-13. Tito consegue devolver paz às comunidades e, no ano 56, vai ao encontro de Paulo, na Macedônia. Feliz com os resultados obtidos, Paulo escreve pela quinta vez, cheio de consolo. É a atual 2 Coríntios 1,1-2,13 + 7,5-16.

> **Faça um teste**
> Leia 2 Coríntios 2,13 e pule imediatamente para 7,5. Você verá que o assunto continua sem interrupções. Em seguida, leia o começo do capítulo 1 e compare com o início do capítulo 10, prestando atenção na mudança de ânimo em Paulo. Finalmente, leia os capítulos 8 e 9, e perceba a repetição de tema ou assunto.

Há tempo Paulo leva adiante o mutirão internacional de ajuda aos pobres de Jerusalém. Estando, provavelmente, ainda na Macedônia, no ano 56, escreve aos coríntios, pedindo-lhes colaboração. É a atual 2 Coríntios 8, carta levada por Tito. Escreve também às demais comunidades da Acaia. É a atual 2 Coríntios 9. Da Macedônia, no ano 56, Paulo se dirige a Corinto. É a *terceira visita*. Está ocupado com o mutirão internacional para os pobres de Jerusalém e faz planos de ir à Espanha. Permanece três meses em Corinto (At 20,3) e escreve a carta aos Romanos.

***

A leitura de 2 Coríntios, na sequência proposta anteriormente, pode parecer complicada, mas é o modo mais fácil de entender as repentinas mudanças de tom e de humor nessa carta. O fato de serem várias cartas reunidas em uma só também não deveria estranhar. Acima de tudo, porém, está a paixão de Paulo pelo Evangelho e seu amor pelas comunidades, razão que o leva a entregar-se sem reservas, confiando no Senhor Jesus, "pois é na fraqueza que a força manifesta todo o seu poder" (12,9).

O conflito de Corinto se deve, provavelmente, ao modo de entender e realizar a evangelização. Há dois modelos, o de Paulo e o modelo daqueles que ele critica, chamando-os de traficantes da Palavra de Deus (2,17). Eles se apresentam com cartas de recomendação (3,1), Paulo os chama ironicamente de "superapóstolos" (11,5) e "ministros de Satanás" (11,15), e os desmascara, mostrando-os como exploradores da fé dos coríntios: Vocês "aceitam que os escravizem, que os devorem, que os despojem, que os tratem com arrogância, que lhes batam na cara" (11,20). São cinco ações que ajudam a entender como, já nessa época, missionários sem escrúpulos pervertiam a evangelização.

Exercício

Abra a Bíblia e copie, na segunda coluna, os versículos indicados. Você terá um belo retrato de Paulo.

O mau evangelizador   *O bom evangelizador*

Escraviza o povo   Gálatas 5,1: _____

Devora o povo	Filipenses 1,8: _____
Despoja o povo	2 Coríntios 12,15: _____
Trata com arrogância	1 Tessalonicenses 2,8: _____
Bate na cara	Gálatas 4,19: _____

Para uma breve visão das comunidades cristãs de Corinto, da cidade e da sociedade, leia o capítulo anterior, "A primeira carta aos Coríntios".

II. CONHECENDO CADA UMA DAS CARTAS

1. Coríntios 2,14-7,4: "Vocês são a nossa carta..."

2 Coríntios 2,14-7,4 é a carta, provavelmente, escrita depois que Paulo esteve em Corinto pela segunda vez; houve choque e Paulo foi rejeitado. A rejeição aconteceu porque os coríntios fizeram comparações entre Paulo e os outros evangelizadores que por lá passaram, munidos de cartas de apresentação, obrigando as comunidades a manter os evangelizadores e a pagá-los por suas pregações (veja o modo de Paulo agir em 1 Coríntios 9). Desse longo texto surgem muitos temas, entre os quais destacam-se:

- Caluniado e chamado de perdedor – porque leva vida de pobre com os pobres –, Paulo se mostra vencedor em Cristo. E usa a imagem de uma parada militar (2,14-17), o desfile da vitória dos generais romanos, levando consigo os prisioneiros de guerra, para executá-los a seguir. Não faltava nesse desfile o incenso – cheiro de vida para os vencedores, e cheiro de morte para os derrotados.
- Por Corinto passaram evangelizadores cristãos que Paulo chama de "traficantes da Palavra de Deus" (2,17; veja 4,2). Para eles, Evangelho significava privilégios e mordomias às custas das comunidades, geralmente compostas de pobres. Chegavam com cartas de recomendação e faziam da religião fonte de lucro (1Tm 6,6). A força de Paulo vem de Cristo vencedor que torna vencedores seus missionários. Por isso a ousadia com a qual age (3,12). Cristo liberta do medo, fazendo os evangelizadores anunciarem "com o rosto descoberto e refletindo a glória do Senhor" (3,18).
- O conteúdo da evangelização é a pessoa de Jesus Cristo vencedor. Paulo dá a isso vários nomes, usando as imagens da luz e do tesouro. A grandeza desse conteúdo contrasta com a fragilidade dos missionários, servos comparados a vasos de barro. Mais ainda, para que a vida se manifeste nos fiéis, os evangelizadores se expõem e arriscam, constantemente, perder a própria vida. Mas se isso ocorrer, o que importa, se seguem aquele que venceu a morte?
- A vocação do cristão é tornar-se luz em Cristo luz (3,18). À medida que se avança na vida, mais luz vai brilhando dentro da pessoa, de modo que ela não caminha para a ruína, e sim para a glória. Paulo não se impunha pelas aparências (veja 10,10). Sua força vinha de dentro, uma energia que o renovava constantemente (3,12), até diante da perspectiva da morte. Compare 5,1-5 com João 14,1 e seguintes. O corpo humano, em sua fragilidade, é comparado a uma tenda que se desfaz. Compare 5,6.8 com Filipenses 1,21 e seguintes.
- Como em 1 Tessalonicenses 2,1 e seguintes, diante dos evangelizadores que se impõem pelo poder das aparências, Paulo apela para Deus, que vê a pessoa por dentro, apelando

também à consciência dos coríntios (5,11-12). Cristo Jesus não se guiou por aparências ou privilégios (veja Filipenses 2,6-11). Agindo dessa forma, mostrou a todos que ser cristão é ser nova criatura, portador de novidade.

- Ao contrário dos "superapóstolos" Paulo se apresenta como servidor (veja Isaías 49,8), à semelhança de Jesus-servo (veja Filipenses 2,6-11; 1 Coríntios 3,5; 4,1.9-13), fornecendo um retrato autêntico do agente de pastoral. Ele enfrenta as maiores adversidades com mentalidade de vencedor (veja 2,14), movido pelo amor que se entrega plenamente, qual pai que gasta a vida pelos filhos (12,14-15; em sentido contrário, 11,20).

- 6,14-7,4 põe frente a frente duas realidades que não se misturam nem confundem: de um lado, justiça, luz, Cristo, ter fé, ser templo de Deus; do outro, injustiça, trevas, Beliar (demônio símbolo da malvadeza), não ter fé, ídolos. A segunda realidade revela o que os coríntios eram antes de conhecerem o Evangelho; a primeira mostra a novidade provocada pela evangelização e pelo batismo (veja 1 Coríntios 5-6). A dimensão paterna e afetuosa de Paulo, já manifestada em 6,11-13, reaparece em 7,2 e seguintes: pai que ama não prejudica, não arruína nem explora.

2. Coríntios 10-13: "Quando sou fraco, então é que sou forte" (12,10)

Essa é a carta que Paulo "estava deprimido, o coração apertado, e derramava lágrimas" quando a escreveu (2,4). Aqui aparece, com força, a tensão entre verdadeira e falsa evangelização. É também um dos mais nítidos retratos do Apóstolo.

- A carta começa (10,2.10) recordando duas críticas dos coríntios contra Paulo, que não se impõe pelo poder das aparências e do prestígio (veja 1 Coríntios 2,1-5), como fazem os "superapóstolos". Paulo se defende, sublinhando o caráter pioneiro de sua atividade missionária (10,12-18): ele foi o primeiro a chegar a Corinto, ao passo que os outros colhem onde não semearam. Fundando igrejas domésticas na capital da Acaia, ele crê na capacidade que o Evangelho tem de fermentar toda a região: aos poucos, toda a província estará evangelizada (versículo 16; veja Romanos 15,23-24).

> **Paulo estrategista**
> Paulo tinha estratégias no trabalho de evangelização. Uma delas era atingir os grandes centros urbanos – as metrópoles – e, então, fundar núcleos cristãos nas casas. Não queria "chover no molhado" ou, como ele próprio diz, "colher no roçado dos outros". Ele era pioneiro, e dizia que isso era sua regra. Esperava que, crescendo, os núcleos cristãos das metrópoles criariam outros núcleos, atingindo, assim, toda a cidade e, mais ainda, inteiras regiões.

- Os cristãos de Corinto eram pobres (veja 1 Coríntios 1,26), e Paulo tomou a firme decisão de nada aceitar deles como pagamento (Mt 10,10; veja 1 Coríntios 9). Os "superapóstolos", ao contrário, além de viver da pregação, acomodavam o anúncio aos próprios interesses (11, 4), talvez omitindo que Jesus foi crucificado (veja 1 Coríntios 1,23; 2,2). Paulo põe à vista de todos as segundas intenções deles. Ele se considera apóstolo, mas apóstolo despojado de privilégios e identificado como servidor das comunidades. Honra, para ele, é não pesar economicamente sobre os ombros dos fiéis empobrecidos.
- O orgulho de Paulo não está no poder das aparências ou no privilégio de ser apóstolo, e sim nos sofrimentos suportados por causa do Evangelho. 2 Coríntios 11,16-33 nos informa acerca de muitos perigos que Lucas não registrou em Atos. Por exemplo, as cinco vezes que os judeus torturaram Paulo com as trinta e nove pauladas. Paulo afirma ter sido três vezes açoitado com varas, e Lucas narra apenas uma vez (At 16,22-23). Ele menciona três naufrágios, e Lucas narra apenas o quarto – Atos dos Apóstolos 27 – ainda por

acontecer quando Paulo escreveu esses textos. Isso leva à conclusão de que Paulo é muito mais de quanto conhecemos a respeito dele. O motivo de tudo isso é apresentado em 1 Coríntios 9,19-23.

Leia 2 Coríntios 11,24-25 e associe:

Tribulação sofrida por Paulo		Quantas vezes
39 pauladas recebidas dos judeus	①	○ Um dia e uma noite
Batido com varas	②	○ 3 vezes
Apedrejamento	③	○ 1 vez
Naufrágios	④	○ 3 vezes
Boiando em alto-mar	⑤	① 5 vezes

Respostas: 5; 2; 3; 4; 1.

• Paulo teve uma experiência extraordinária de Deus, e dela não há outras informações a não ser as que ele escreve aqui. O espinho cravado na carne é outro detalhe misterioso. Deixando de lado as especulações, esse espinho revela o lado frágil de todo agente de pastoral (compare com 4,7 e seguintes). Deus não busca super-homens como colaboradores, mas pessoas frágeis, que ele fortalece com sua graça. Como fariseu, Paulo era arrogantemente autossuficiente. Como cristão, reconhece e aceita a própria fragilidade, permitindo que a graça manifeste nele todo o seu poder (12,1-10; veja Filipenses 4,13; 2 Coríntios 2,14).

• Paulo se considera pai de todas as pessoas que conduziu à fé em Jesus Cristo (1Cor 4,14-16; Fm 10). Como pai, ele se gasta e desgasta pelos filhos (veja atitude oposta em 11,20).

Alguns coríntios insinuaram, maldosamente, que o mutirão internacional em favor dos pobres de Jerusalém, há tempo em andamento (veja 1 Coríntios 16,1 e seguintes), seria um modo esperto de Paulo compensar as despesas que teve em Corinto, sem que as comunidades se dessem conta (12,16). A segunda viagem de Paulo a Corinto foi traumática, e ele teme que na terceira se repita o mesmo drama. Por isso o apelo à avaliação (13,5) e ao aperfeiçoamento (versículo 9).

• A despedida (13,11-13) é de "irmãos", marcada pela alegria, pelo crescimento na fé, pela mútua consolação, na concórdia e na paz. É o último pedido para que haja paz e se alcance a reconciliação (veja 6,1 e seguintes). O pedido foi acolhido e deu resultados (veja 1,1-2,13 + 7,5-16). O beijo sagrado era a saudação fraterna nas comunidades de Corinto. A saudação final (v. 13) coloca os cristãos em comunhão com a vida da Trindade.

3. Coríntios 1,1-2,13 + 7,5-16: "Bendito seja o Deus de toda consolação" (1,3)

Carta do consolo, escrita depois que Tito conseguiu a reconciliação.

• Após o endereço e saudação (1,1-2) temos um hino de louvor (versículos 3-7) pelo consolo que brota da reconciliação alcançada pela mediação de Tito. Paulo sente-se consolado e atribui isso a Deus. Mas sua consolação beneficia, sobretudo, os coríntios, destinatários da missão. Paulo relata (versículos 8-11) os sofrimentos padecidos em Éfeso (Ásia), dos quais pouco se sabe. Fala-se de perigo mortal e de libertação que recorda a ressurreição.

• Motivos de força maior, talvez os indicados em 1,8-11, impediram a realização dos planos de Paulo de visitar os coríntios. Esse fato foi mal interpretado, e Paulo aproveita a ocasião para ler os acontecimentos em profundidade. Seu comportamento imita o de Jesus, pois não é ambíguo (veja Mateus 5,37).

- Os coríntios isolaram e puniram a pessoa que causou o conflito contra Paulo. A tarefa, porém, não está terminada, pois o desafio é recuperar a pessoa que errou, de modo a evitar a exclusão (veja Mateus 18,15-20 e 1 Coríntios 5,1-13). A recuperação se faz mediante o perdão e provas de carinho (2Cor 2,5-13). A continuação do versículo 13 está em 7,5.
- Obtida a paz em Corinto, Tito vai ao encontro de Paulo, que já havia deixado Éfeso e ido à Macedônia. As boas notícias o enchem de consolo. "Há males que vêm para o bem". A crise de Corinto revelou nos fiéis e em Paulo valores que de outra forma não se manifestariam (7,5-16). Veja João 16,21-22.

4. Coríntios 8: "Vocês conhecem a generosidade de Jesus Cristo" (8,9)

Paulo estimula os coríntios a participarem do mutirão internacional contra a fome e em favor dos cristãos pobres de Jerusalém (veja 1 Coríntios 16,1-4. Compare 8,2 com Atos dos Apóstolos 17,4). E usa argumentos fortes. O maior deles é o próprio Jesus, despojado de tudo para enriquecer a todos. Outro argumento forte é a partilha igualitária do maná no tempo em que Deus alimentou os hebreus no deserto (Êx 16,18). A meta a ser alcançada é a igualdade, fruto da partilha (veja Lucas 16,11-12; 1 Timóteo 6,10; compare com 1 Tessalonicenses 2,1 e seguintes). Paulo toma todas as providências para que a corrupção não contamine o mutirão contra a fome. As pessoas escolhidas são de confiança. Certamente, circulavam em Corinto suspeitas acerca do destino da coleta (veja 2 Coríntios 12,16-18).

5. Coríntios 9: "Deus ama a quem dá com alegria" (9,7)

Carta aberta aos fiéis da região da Acaia, onde, certamente, havia muitas comunidades fundadas por iniciativa dos cristãos de Corinto (veja 2 Coríntios 10,15). Paulo, provavelmente, está na Macedônia (9,1), e sua preocupação é a ajuda solidária aos pobres de Jerusalém. É interessante notar os textos bíblicos citados como estímulo para a partilha solidária. O mutirão internacional contra a fome não é simples coleta. Paulo o chama de "serviço", "generoso favor", "ato de generosidade", "serviço sagrado" etc. A contribuição não deve ser forçada, pois já não seria generosidade. Nota-se a preocupação de Paulo em ser transparente na administração do dinheiro alheio (veja 1 Coríntios 16,1-4; 2 Coríntios 12,16-18).

> **Avaliação**
> Faça uma avaliação deste breve estudo da segunda carta aos Coríntios. Anote, abaixo, os pontos positivos e os negativos.

5
A carta aos Gálatas

I. ANTES DE ABRIR A CARTA

1. Galácia

Galácia era, na metade do primeiro século da nossa era, uma província do Império Romano. Seus habitantes, conhecidos como gálatas, eram descendentes de antigos imigrantes que se deslocaram da Gália (França) para essa região, hoje pertencente à Turquia. Naquele tempo, a população estava submetida como escrava ao Império Romano (Gl 5,1 e seguintes).

> **Segunda viagem de Paulo**
> (ver mapa da p. 30)

Naquela ocasião, ainda conservavam sua língua gálata, fato que provavelmente causou algum problema de comunicação quando Paulo esteve nessa região. De fato, em Gálatas 3,1 ele afirma: "Ó gálatas sem juízo, quem os enfeitiçou? Não foi diante de vocês que Jesus Cristo crucificado foi descrito em detalhes?" À parte a catequese de Paulo nesse versículo, nota-se a dificuldade de comunicação. Provavelmente, Paulo teve de recorrer a desenhos para se comunicar.

> **Teste sua habilidade**
> Imagine-se no lugar de Paulo. Tente explicar quem é Jesus Cristo crucificado para pessoas que jamais ouviram falar dele e não entendem uma palavra da língua que você fala. O que você faria?

É muito estranha a atitude de Lucas quanto à Galácia, praticamente ignorando os fatos que nela se passaram. Em Atos dos Apóstolos 16,6, no início da segunda viagem, Lucas, simplesmente, omite os acontecimentos, de sorte que não sabemos se essas comunidades surgiram nessa ocasião ou antes, durante o longo período em que Paulo se deteve em Tarso.

2. A fundação: primeiras dores de parto

O próprio Paulo recorda o modo inusitado do surgimento das comunidades gálatas: "Vocês se recordam, foi por causa de uma doença que os evangelizei pela primeira vez. E vocês não mostraram desprezo nem desgosto por causa dessa provação no meu corpo; pelo contrário, receberam-me como anjo de Deus, como Cristo Jesus. Onde estão agora as manifestações de sua alegria? Pois eu dou testemunho que, se fosse possível, vocês teriam arrancado os olhos para dá-los a mim" (4,13.15).

Essa informação permite sublinhar alguns aspectos. Em primeiro lugar, sobressai o Espírito de Deus, guia da missão, que escreve direito por linhas tortas. Associado a isso, temos a solicitude de Paulo, que se deixa guiar pelo mesmo Espírito. Em terceiro lugar, o ânimo acolhedor dos gálatas, que fazem desaparecer por completo a segregação racial. Da parte de Paulo, se ainda restava algum traço farisaico – que considerava os pagãos como gente impura – a filantropia dos gálatas arrematou para sempre o racismo.

São poucos os detalhes referentes ao surgimento dessas comunidades. Mesmo não conhecendo as circunstâncias, é possível suspeitar que tenham sido momentos de alegria por um lado, e de duro sofrimento por outro. De fato, em 4,19, Paulo se expressa da seguinte forma: "...meus filhos, por quem sofro de novo as dores do parto, até que Cristo seja formado em vocês". A expressão "de novo" supõe que as duas situações – a do início e a atual – assemelham-se quanto às dificuldades e sofrimentos.

3. A carta: novamente as dores do parto

É possível que a comunicação por carta entre Paulo e os gálatas tenha sido mais intensa de quanto se possa imaginar. Em 1 Coríntios 16,1, ele ordena aos coríntios: "Quanto à coleta em favor dos santos, sigam também vocês as ordens que dei para as igrejas da Galácia". O tema em questão é a coleta para socorrer os cristãos pobres de Jerusalém (Gl 2,10). Não sabemos se essas normas foram transmitidas por carta ou oralmente. De qualquer modo, percebemos que a solicitude do Apóstolo para com suas comunidades vai além de um simples contato esporádico (cf. 2Cor 11,28).

Por volta do ano 55 explode a crise gálata, que repercute também em outras comunidades, por exemplo, em Filipos. No dizer de Paulo, os gálatas foram como que enfeitiçados com a pregação de um grupo que costumamos chamar "judaizantes" (3,1). Os gálatas, pagãos em sua totalidade, caíram sob o jugo da Lei. "Vocês corriam bem; quem lhes pôs obstáculos para não obedecerem à verdade?" (5,7). Dito de outro modo, os gálatas são insensatos, pois começaram com o espírito, e agora acabam na carne (cf. 3,3). Chamados para a liberdade (5,1) e a radical igualdade entre irmãos (3,28), eles se deixaram envolver pela pregação dos judaizantes, passando a viver em situação pior que a anterior.

O pivô da crise se chama circuncisão. Para os judeu-cristãos, que costumamos chamar de judaizantes, os pagãos que se tornam cristãos precisam ser circuncidados para alcançar a salvação: "Se vocês não se circuncidarem, segundo a norma de Moisés, não poderão ser salvos" (At 15,1).

A circuncisão ocupa lugar central no judaísmo. Ela é a resposta do parceiro humano à aliança que Deus faz com seu povo (Gn 17). Negá-la seria negar tudo o que representa. Querendo submeter à circuncisão os pagãos que se tornam discípulos de Jesus, os judaizantes pretendiam impor também a cultura e os costumes judaicos como matéria essencial para alcançar a salvação. Isso significa anular a ação salvadora de Jesus Cristo, é ser inimigo da cruz de Cristo. Para Paulo, é claro que "minha vida presente na carne, eu a vivo pela fé no Filho de Deus, que me amou e se entregou a si mesmo por mim" (2,20).

A carta se presta também para conhecer o ânimo de Paulo diante da possibilidade de perder todo o trabalho missionário. O texto foi escrito às pressas, e se os gálatas são chamados de enfeitiçados, de Paulo podemos afirmar que todo o seu ser trepida em um misto de revolta, ansiedade e ternura. De fato, chega a exorcizar os judaizantes, dizendo: "Que se façam mutilar de uma vez aqueles que perturbam vocês" (5,12). Ele os acusa de oportunistas (6,11-13).

> **Pensamentos importantes**
>
> A carta aos Gálatas tem frases famosas de Paulo. Abra a Bíblia e copie os seguintes versículos:
>
> 2,20: _____
>
> _____
>
> _____
>
> 3,28: _____
>
> _____
>
> _____
>
> 4,19: _____
>
> _____
>
> _____

5,1: _____

_____

_____

6,2: _____

_____

_____

6,15: _____

_____

_____

II. ABRINDO A CARTA

Gálatas tem basicamente três partes (capítulos 1 e 2; 3,1-5,12; 5,13-6,18). A primeira parte é uma defesa apaixonada do Evangelho anunciado por Paulo. Na segunda, Paulo argumenta, servindo-se de um modo de refletir próprio dos mestres judeus da época, de difícil compreensão para muitos. A terceira parte é dedicada à oposição entre obras da carne e obras do Espírito, com exortações.

1. O Evangelho de Paulo (capítulos 1 e 2)

Paulo se apresenta com o título de "apóstolo" e se mostra logo polêmico. Sabe-se que, em Jerusalém, um grupo de cristãos conservadores considerava apóstolos somente os que haviam estado com Jesus de Nazaré. Paulo não estava entre os Doze, mas se considera plenamente apóstolo, e explica: "Não por iniciativa humana, nem por intermédio de nenhum homem, mas por Jesus Cristo e por Deus Pai que o ressuscitou dos mortos" (1,1). O grupo conservador defendia a ideia que somente os Doze podiam fundar comunidades e tinham o privilégio de ser por elas sustentados (veja 1 Coríntios 9). Paulo tem tanto apreço por esse título que quase ignora os irmãos que estão com ele (Gl 1,2). Ele usa esse título nas cartas em que há polêmica em torno desse tema (Gl, 1-2Cor), ou quando pretende dar ênfase à sua mensagem (Romanos).

E, sem a costumeira ação de graças, vai logo ao assunto, demonstrando perplexidade pelo fato de as comunidades gálatas terem abandonado o Evangelho pregado por Paulo e aderido à pregação dos judaizantes, aceitando a circuncisão e a consequente prática da Lei de Moisés como condição para serem salvas. Lança maldições (excomunhão) a quem anunciar outro evangelho, que não existe, mesmo que seu anunciador seja um anjo (1,6-9).

> **Quem eram os judaizantes?**
> O Novo Testamento não registra essa palavra, mas a ação desse grupo é forte no tempo de Paulo. Os judaizantes eram cristãos de origem judaica que defendiam a necessidade da circuncisão também para os não judeus convertidos ao cristianismo como condição para se alcançar a salvação. Esse tema ocupa quase toda a carta aos Gálatas, parte da carta aos Romanos e parte da carta aos Filipenses...

Se Paulo tivesse defendido a circuncisão não passaria pelas tribulações que sofreu e está sofrendo, pois estaria agradando às pessoas e furtando-se ao enfrentamento com os judeu-cristãos. Estaria a serviço da circuncisão, mas deixaria de ser servo de Cristo (1,10).

A ausência de ação de graças revela não somente a pressa do Apóstolo. Sublinha também e, sobretudo, a inutilidade da mensagem cristã quando se elimina Cristo, permitindo que outra realidade ocupe seu lugar. Era o que acontecia nas comunidades da Galácia com a chegada dos judeu-cristãos e a obrigatoriedade da circuncisão para alcançar a salvação: "Se vocês se circuncidarem, Cristo de nada lhes servirá" (5,1).

O fio condutor da carta é a palavra "evangelho" e seu conteúdo, que não deve ser adulterado nem pelos que o anunciam, nem pelos que o recebem. O que é evangelho para Paulo? Não se trata de um livro, mas de uma pessoa. A síntese se encontra no personagem Jesus Cristo e sua ação (2,20), muito superior à ação da Lei. Inverter os personagens – como queriam os judaizantes – era anular a ação salvadora do Senhor. É contra esse movimento que Paulo se levanta, sem poupar críticas aos que defendem a circuncisão. Ameaça-os de excomunhão (anátema, 1,9) e acusa-os de exploradores oportunistas (6,11), descumpridores da Lei.

Podemos associar a vida e a missão de Paulo à vida e missão de Jeremias. Tanto um quanto o outro reconhecem que o projeto de Deus acerca deles remonta às origens da vida (ventre materno, para Paulo) e, mais além, antes da concepção (para Jeremias, Gl 1,15 e Jr 1,5). Igualmente interessante é a comparação da missão de cada um. Ambos foram postos em defesa de uma realidade superior: no caso de Jeremias, defesa da aliança; no caso de Paulo, defesa do Evangelho, cujo centro é a pessoa de Jesus Cristo.

Paulo e Jeremias estão muito próximos por causa das oposições que sofreram. Quanto a Jeremias, as autoridades político-religiosas; quanto a Paulo, as lideranças judeu-cristãs de Jerusalém. Ambos têm em comum também a determinação: nada nem ninguém os afasta da missão. No caso de Paulo, "não consultei ninguém, nem subi a Jerusalém aos que eram apóstolos antes de mim, mas fui à Arábia, e voltei novamente a Damasco" (Gl 1,16-17). O confronto com Pedro em Antioquia decorre dessa determinação. Paulo não permite que a hipocrisia de Pedro contamine o projeto de Deus. A divisão de campos de trabalho missionário era para facilitar, não para complicar ou discriminar. A atitude de Pedro em Antioquia (2,11-14) faz, dos pagãos que se convertem, cristãos de segunda classe, anulando, dessa forma, o princípio de 3,28.

O conflito em Antioquia demonstra que havia distintos modelos de igreja. A igreja de Jerusalém tinha como característica o apego ao Templo, às tradições judaicas e a questão da raça; consequentemente, uma religião da Lei. Muito diferente era a igreja de Antioquia: sem ligação com o Templo, multicultural e multirracial, aberta para o mundo e seus desafios.

Pedro é acusado de "não andar retamente segundo a verdade do Evangelho" (2,14). Qual o alcance dessa afirmação? Se por Evangelho entendemos não um livro, mas uma pessoa em seu ser e agir, a verdade do Evangelho seria o Cristo integral e integrador. Nem quem o anuncia, nem quem o recebe pode mudá-lo a seu gosto.

Uma das afirmações centrais da carta põe frente a frente a Lei com suas obras, e Jesus Cristo, mostrando a superioridade dele. A história do povo de Deus deixou claro que a Lei não salva nem justifica. Somente Jesus Cristo, presente de Deus, é que pode salvar, revelando assim o amor primeiro e gratuito do Pai. Para o cristão, o caminho se chama Jesus Cristo, e caminhar é ir, dia após dia, incorporando seu modo de ser e de agir. Paulo expressa isso com as seguintes palavras: "Fui crucificado com Cristo. Já não sou eu que vivo, mas é Cristo que vive em mim. Minha vida presente na carne, vivo-a pela fé no Filho de Deus, que me amou e se entregou a si mesmo por mim" (2,19-20).

Uma das teses farisaicas, amplamente documentada no Antigo Testamento (por exemplo o Salmo 119), apresenta a Lei como fonte de vida para o ser humano. Praticando-a, obtém-se a vida. A descoberta de Paulo transtorna essa perspectiva, pois a ação amorosa e salvadora de Deus se antecipa à ação humana. Todos eram pecadores, sem méritos, quando o Filho de Deus deu gratuitamente a vida (veja Romanos 5,8). A resposta a esse gesto insuperável só pode ser a fé; fé que identifica a pessoa com a vida de Jesus. Não se trata de coisa simples, pois a fé faz de duas vidas uma só ("já não sou eu... é Cristo que vive em mim"). A vida do cristão passa a ser uma vida segundo a vida de Cristo. Em outras palavras, viver o mistério pascal de modo permanente. De fato, fala-se de estar crucificado com Cristo. Mais adiante, Paulo declara trazer em seu corpo as marcas de Jesus (6,17), e esclarece: "Quanto a mim, não aconteça gloriar-me senão na cruz de nosso Senhor Jesus Cristo, por quem o mundo está crucificado para mim e eu para o mundo" (6,14).

2. Aprofundamento (3,1-5,12)

Os capítulos 3 a 5 são textos de aprofundamento. É a prova de que a fé é superior à Lei. Nesses capítulos desenvolve-se a tese de Paulo: "Abraão acreditou em Deus e isto lhe foi levado em conta de justiça. Saibam, portanto, que os que são pela fé são filhos de Abraão" (3,6-7). O confronto entre Lei e Espírito, entre obras e fé remonta ao patriarca Abraão, a quem foi prometido ser pai e fonte de bênção para toda a humanidade. Em Abraão tem origem não apenas o povo judeu e a aliança, mas também os povos pagãos enquanto membros da nova e definitiva aliança.

Aliança é compromisso entre dois parceiros, Deus e o povo, na pessoa de Abraão. Com ele Deus se alia e, no caso de Abraão, a resposta-compromisso se chama circuncisão. Essa, por sua vez, remete à prática da Lei. Paulo enxerga outra dimensão na relação Deus-Abraão. É a dimensão da fé, resposta dada pelo patriarca antes da circuncisão. A promessa de Deus trazia em si mesma uma novidade para os pagãos: pela fé eles se tornariam filhos de Abraão, herdeiros das mesmas promessas feitas ao povo judeu.

A argumentação de Paulo é típica do modo rabínico de refletir. Duas realidades são confrontadas: a circuncisão, a Lei, as obras, a caducidade por um lado; a fé (o batismo), a vida no Espírito e sua validade permanente por outro. A Lei tinha um prazo de validade: até a chegada do descendente de Abraão, isto é, o Cristo. A chegada dele marcou também nossa maioridade na fé e tornou evidente nossa filiação divina.

A síntese do pensamento de Paulo – bem mais desenvolvido em Romanos – pode ser esta: a humanidade inteira, composta de judeus e não judeus, não se salva por próprio mérito ou conta. Sequer as obras da Lei são capazes de salvação. O destino da humanidade só não é trágico por causa da ação de Jesus, que nos amou e se entregou a si mesmo por nós quando ainda éramos pecadores (Rm 5,8; Gl 2,20).

O advento do descendente de Abraão se torna assim nossa emancipação. Como está em outros lugares (carta aos Efésios), a ação de Jesus faz de todos os povos uma grande família, uma comunidade de iguais: "Não há judeu nem grego, não há escravo nem livre, não há homem nem mulher; pois todos vocês são um só em Cristo Jesus" (3,28). A fé em Jesus gera a família da fé. Essa, por sua vez, desemboca no batismo, e esse leva a viver com os outros a fraternidade, sob a orientação do Espírito.

A Lei serviu de pedagogo até a chegada daquele que nos tornaria adultos na fé e filhos de Deus (4,1 e seguintes). Pedagogo era um personagem muito comum na época. Era um escravo que, sob as ordens do chefe de família, cuidava do menino enquanto fosse menor de idade. Chegada a maturidade, o pai dispensava os cuidados do pedagogo, e o filho estava emancipado. Foi isso o que aconteceu conosco com o advento de Jesus.

A grande e definitiva novidade é a pessoa de Jesus Cristo. Sua ação nos resgatou de toda forma de escravidão e nos deu as condições para viver a novidade (a vida no Espírito). Paulo se sente pessoalmente envolvido nesse processo. De sua parte, declara estar crucificado com Cristo e que Cristo vive nele (2,20); da parte dos fiéis gálatas, espera-se o mesmo: "Meus filhos, por quem sofro de novo as dores do parto, até que Cristo seja formado em vocês" (4,19). Com isso, Paulo se apresenta, também, como modelo de educador cristão. O objetivo a ser alcançado é sempre a pessoa do Senhor Jesus. A figura do educador cristão não pode desviar o rumo desse processo; ou seja, a tentação é querer que o educando se torne semelhante ao educador. Paulo sabe muito bem que a maturidade cristã acontece quando Cristo ocupa todas as dimensões do ser humano.

Gálatas praticamente repete as palavras de Jesus no Evangelho de João: "Se vocês permanecerem na minha palavra, serão verdadeiramente meus discípulos e conhecerão a verdade, e a verdade os libertará" (Jo 8,31-32). Paulo receia que os gálatas caíssem na antiga escravidão. Por isso exorta: "É para a liberdade que Cristo nos libertou. Permaneçam firmes, portanto, e não se deixem prender de novo ao jugo da escravidão" (Gl 5,1).

3. Vivendo a vida nova

A terceira parte da carta (5,13-6,18) contém uma série de exortações para o ser cristão. São atitudes que decorrem do conhecimento de Jesus Cristo, da recepção do batismo e do Espírito, da pertença a uma comunidade. De fato, podemos estabelecer a seguinte sequência: anúncio de Jesus Cristo, adesão pela fé, recepção do batismo e do Espírito, pertença a uma comunidade em que se vivem novos valores, como a fraternidade e a liberdade obtida pelo Senhor Jesus. A comunidade se torna, assim, um espaço vital que procura evitar todo contato com o modo anterior de viver.

A série de exortações pode ser sintetizada nos dois modos de viver: segundo a carne e segundo o Espírito. A palavra "carne" nos escritos de Paulo tem uma gama ampla de significados. Podemos resumir da seguinte maneira: vida na carne é a vida sem a presença de Jesus Cristo e do Espírito. É o ser humano entregue à própria sorte, sem a ação da graça. Mais ainda, vida na carne supõe, também, o desinteresse da pessoa pelo bem, pela solidariedade. Em outras palavras, é sentir-se "jogado às feras", sem poder experimentar a ação misericordiosa de Deus.

Uma série de atitudes nos ajuda a entender o que significa para Paulo viver segundo a carne: são atitudes que pervertem inteiramente as relações entre pessoas: "fornicação, impureza, libertinagem, idolatria, feitiçaria, ódios, rixas, ciúmes, ira, discussões, discórdia, divisões, invejas, bebedeiras, orgias e coisas semelhantes a estas, a respeito das quais eu alerto vocês, como já os alertei: aqueles que praticam tais coisas não herdarão o Reino de Deus" (5,19-21). Note-se que todas essas atitudes são violação da fraternidade. Referem-se ao modo como as pessoas se relacionam sem ter presente o mandamento do amor. A vida no Espírito contrasta abertamente com isso, gerando atitudes que Paulo explicita: "amor, alegria, paz, longanimidade, benignidade, bondade, fidelidade, mansidão, autodomínio" (5,22-23). É o modo positivo de entender a liberdade: livres para amar, para fazer o bem. A liberdade se opõe e rejeita toda forma de escravidão pessoal ou social.

O começo do capítulo 6 traz conselhos acerca dos relacionamentos entre as pessoas. Por meio deles percebemos algumas características das comunidades gálatas. Em primeiro lugar, a correção fraterna (6,1). Note-se como esse texto se aproxima do capítulo 18 de Mateus, texto básico para a correção fraterna. O irmão que erra é merecedor de cuidados especiais, a fim de recuperá-lo para a comunidade. Em segundo lugar, a solidariedade entre os irmãos, traduzida como "carregar o fardo dos outros" (6,2 e seguintes). Nem sempre conseguimos colocarmo-nos na pele do outro para sentir e ter compaixão.

Sabemos que Paulo fez de tudo para ser fiel ao "ai de mim se não anuncio o Evangelho", trabalhando para se sustentar, a fim de não misturar pregação e ganho. Aqui, porém, nota-se uma diferença. Paulo reconhece que o catequista não vive de vento. Por isso, ordena que se partilhe: o catequista partilha seus conhecimentos e sua fé; o catequizando partilha os bens materiais com quem lhe oferece participação nos bens espirituais. Esse pensamento está presente em várias cartas do Apóstolo (veja Romanos 15,27).

No versículo 7 toca-se o tema do temor de Deus. O que é, nesse caso, temer a Deus? O texto parece insinuar que temor

A carta aos Gálatas

de Deus é fazer o bem, para colher o bem maior, a vida eterna. Deus não é arbitrário. No fim de tudo, será dado a cada um conforme sua conduta.

Os últimos versículos (11-18) são o fecho e uma espécie de síntese de toda a carta. Retorna a crítica aos defensores da circuncisão, acusando-os de: **1.** Exibicionistas; **2.** Subtrair-se às perseguições; **3.** Não praticar a Lei; **4.** Gabar-se de marcar o corpo das pessoas. Bem outra é a postura de Paulo. Crucificado com Cristo, carregando no próprio corpo as marcas da paixão, gloria-se do fato de estar na mais profunda comunhão com Cristo (2,20).

Síntese

Faça a seguinte síntese da carta aos Gálatas. Marque com V (verdadeira) ou F (falsa) as seguintes afirmações:

( ) Paulo não é apóstolo de Jesus Cristo.
( ) A carta aos Gálatas tem uma longa ação de graças.
( ) Os judaizantes não eram perigosos para a fé dos cristãos da Galácia.
( ) Paulo se deteve na Galácia por causa de uma doença, e aproveitou a ocasião para evangelizar os gálatas.
( ) A carta aos Gálatas foi escrita para alertar os cristãos do perigo provocado pelos judaizantes.
( ) Segundo a carta aos Gálatas, Paulo e Pedro sempre se entenderam.
( ) A vida segundo o Espírito é a mesma coisa que a vida segundo a carne.
( ) Abraão foi justificado por causa de sua fé.
( ) Também os não judeus são filhos de Abraão pela fé.
( ) Na comunidade dos cristãos, não há mais diferença de raça, condição social ou sexo.
( ) Cristo não nos libertou de todas as formas de escravidão.
( ) A evangelização da Galácia foi um parto difícil para Paulo.

Respostas: 1. F; 2. F; 3. F; 4. V; 5. V; 6. F; 7. F; 8. V; 9. V; 10. V; 11. F; 12. V

6
A carta aos Romanos

I. ANTES DE ABRIR A CARTA

1. A carta mais importante...

De todas as cartas escritas pelo apóstolo Paulo, ou a ele atribuídas, sem dúvida alguma, a mais importante é a carta aos Romanos. Escrita em Corinto por volta do ano 56, é a melhor síntese do pensamento de Paulo. Ao longo da história, tem sido também motivo de interpretações diversificadas, gerando a famosa controvérsia entre católicos e protestantes.

Quem conhece bem essa carta pode ter certeza de conhecer bem o pensamento de Paulo, pois ela resume e explica as grandes linhas desse incansável missionário.

2. ... e também a mais extensa...

Romanos é a carta mais extensa de Paulo. No Novo Testamento, ela costuma aparecer em primeiro lugar. Mas isso não significa que tenha sido a primeira carta que Paulo escreveu. Pelo contrário, é uma das últimas na ordem cronológica, embora não possamos estabelecer, com exatidão, a data em que cada uma delas foi escrita.

Por que a carta dos Romanos aparece em primeiro lugar? O critério tem sido muito simples: de modo geral, as cartas de Paulo vão da mais extensa a mais curta. Isso significa que Romanos aparece por primeiro e a carta a Filêmon por último.

Esse critério não é aconselhável para quem pretende estudar as cartas de Paulo. É melhor seguir uma provável cronologia, ou seja, ir estudando as cartas à medida que forem aparecendo. Mas, também, esse critério não é absoluto, pois Paulo não costumava datar seus escritos. Juntando as cartas paulinas e as deuteropaulinas, que colocamos entre parênteses, arriscamos um itinerário possível: 1 Tessalonicenses (2Ts), Filipenses, 1 e 2 Coríntios, Filêmon (Efésios, Colossenses), Gálatas, Romanos (1Tm, Tt, 2Tm). Seguindo esse critério, é possível perceber a evolução do pensamento de Paulo.

3. ... e profunda, ...

Deixando a carta aos Romanos perto do fim do estudo dos escritos de Paulo, torna-se mais fácil compreender sua mensagem. Isso se deve também ao fato de já ter enfrentado a nervosa e turbulenta carta aos Gálatas, da qual Romanos é irmã menos agitada e mais serena.

O estudo das cartas de Paulo, portanto, é semelhante às fases de crescimento do ser humano: antes de receber alimento de adultos, o bebê precisa de leite e de alimentos leves.

À medida que a pessoa vai estudando as cartas de Paulo, costuma-se haver familiaridade crescente com o pensamento do grande apóstolo. Aos poucos, descobre-se a alma apaixonada e missionária desse insuperável campeão da evangelização. Aos poucos, também, desaparecem algumas dificuldades referentes, por exemplo, ao estilo e ao modo de argumentar de Paulo, pois ele usa, com frequência, o jeito que os rabinos empregavam para expor seu pensamento.

> **Alguns exemplos**
> *Diatribe:* Diatribe é um jeito de escrever que se caracteriza pela crítica amarga, contundente, dura, como por exemplo em 2 Coríntios 11,20; 12,15.

> *Perguntas em cascata:* Consiste em bombardear o leitor (ou interlocutor) com uma série de perguntas, cujas respostas o leitor conhece e que, reconhecendo-as, dará o braço a torcer, por exemplo, 1 Coríntios 9,1 e seguintes.
>
> *Linguagem tipológica:* É tomar um fato real do passado como típico para se falar de uma realidade presente. O fato do passado torna-se tipo daquilo que está acontecendo no momento atual. É, por exemplo, o caso de Gálatas 4,21-31.

4. ... enviada a comunidades que Paulo não fundou

Paulo não fundou as comunidades cristãs de Roma. Aliás, não sabemos quem as fundou. Sabemos, contudo, que a estratégia pastoral de Paulo era não colher onde outros haviam semeado (essa era sua regra, cf. 2 Coríntios 10,15).

Normalmente, Paulo escrevia a comunidades que ele fundou. O caso de uma comunidade de Colossas é um pouco diferente, pois a comunidade que recebe aquela que conhecemos como carta aos Colossenses foi fundada por um companheiro de Paulo chamado Epafras (ver Colossenses 1,7).

A carta chegou a Roma antes de Paulo, pois por aquilo que sabemos, ele nunca estivera nessa cidade antes. Por que, então, escreve a mais longa e importante carta de sua vida? A resposta a essa pergunta virá em seguida.

5. Carta levada por uma mulher...

A portadora da carta deve ter sido a diaconisa da igreja de Cencreia, conhecida como Febe (Rm 16,1). Paulo pede para que os romanos a recebam na qualidade de cristã (é o sentido da expressão "no Senhor"), dando-lhe tratamento devido a cristãos (chamados de "santos").

Esse pequeno detalhe ajuda a entender a relação entre Paulo e as mulheres cristãs, tão repetidamente carregada de preconceitos, como se Paulo fosse avesso à participação das mulheres na tarefa da evangelização. Não só Febe parece ser a única diaconisa em todo o Novo Testamento, e sua ação pastoral na cidade de Cencreia, certamente, está ligada a Paulo e aos cristãos da cidade de Corinto.

Foi por volta do ano 56 que ele escreveu a carta aos Romanos, durante o período de três meses de permanência em Corinto (ver Atos dos Apóstolos 20,3).

6. ... com uma missão bem definida

Febe não tinha apenas a missão de levar a carta até Roma. Parece que Paulo lhe havia confiado uma tarefa bem mais delicada e ampla. É o que podemos deduzir do capítulo 15 da carta, onde ele afirma: "Há muito tempo tenho vontade de chegar até vós. Farei isso quando for para a Espanha. E espero poder ver-vos quando eu passar por aí... a caminho da Espanha" (versículos 23-24.28).

Os romanos não conheciam Febe, e Paulo lhes pede não somente que a acolham bem, mas também que a assistam em tudo o que ela precisar deles (16,2). Temos a impressão de que ela havia sido encarregada de preparar aquilo que era necessário para o novo campo de evangelização do apóstolo Paulo, a Espanha. Roma, portanto, era simplesmente ponto de passagem, uma espécie de trampolim para a nova missão que Paulo planejava. De fato, segundo seu princípio de não colher onde outros semearam, ele projeta abrir nova fronteira para o anúncio do Evangelho, pois "nestas regiões não há mais campo de ação para o meu trabalho" (15,23).

Paulo foi à Espanha? Não sabemos. Se dependesse dele, evidentemente que sim. Mas ele chega a Roma como prisioneiro (Atos dos Apóstolos, capítulo 28), em uma espécie de "prisão domiciliar", com um soldado permanentemente algemado ao seu o braço. Isso durou dois anos, depois dos quais não sabemos se Paulo enfrentou o martírio ou se teve tempo de pôr em prática seus planos de evangelização. É possível que tenha voltado à Ásia, mas nem sempre seus planos apostólicos se concretizavam, pois para ele também valia o dito "o homem propõe e Deus dispõe". A data de seu martírio também não é algo definido. Situa-se entre os anos 64 e 68.

7. Por que Paulo escreveu essa carta?

O primeiro, em parte já conhecido, está associado àquilo que se costuma chamar de "o sacerdócio de Paulo". Ele o explica em 15,16: "Recebi de Deus a graça de ser ministro de Jesus Cristo junto aos pagãos, a serviço do Evangelho, a fim de que os pagãos se tornem oferta agradável, santificada pelo Espírito Santo". Fiel a seu princípio de "fazer questão de anunciar o Evangelho onde o nome de Cristo ainda não era conhecido, para não construir sobre alicerces lançados por outros" (15,20), ele parte para novos campos de evangelização, fazendo da cidade de Roma lugar de passagem e – por que não o dizer? – para partilhar coisas em comum, como a fé, a amizade e a alegria de estar junto de pessoas queridas (1,11; 15,24).

Como veremos a seguir, Paulo conhecia muitas pessoas das comunidades cristãs de Roma. E sabia muito bem, embora nunca tivesse estado lá, que algumas dessas pessoas eram de origem pagã e outras de ascendência judaica. Alguns anos antes, por causa de um conflito entre judeus e não judeus, o imperador Cláudio decretou que todos os judeus fossem expulsos de Roma (At 18,2). Essa medida teve pouca duração, mas tocava fundo nos planos de evangelização do apóstolo Paulo. De fato, ele se declara devedor de todos (1,14), e sente necessidade de aprofundar o tema judeus-Evangelho-pagãos. Com efeito, a carta dedicará três capítulos a essa questão.

Todavia, o motivo mais importante parece ser o aprofundamento da tese central da carta, já esboçada anteriormente em Gálatas: "O Evangelho é força de Deus para a salvação de todo aquele que crê, em primeiro lugar do judeu, mas também do não judeu" (1,16). E esse tema ocupa os oito primeiros capítulos da carta.

Além disso, aflora nas comunidades cristãs de Roma o mesmo problema surgido nas comunidades cristãs de Corinto, isto é, o conflito entre pessoas de consciência esclarecida e cristãos de consciência fragilizada, sobretudo na questão dos alimentos.

Literatura paulina

II. ABRINDO A CARTA

1. Um retrato das comunidades cristãs romanas

Entramos na carta pela porta dos fundos, ou seja, pelo capítulo 16. Lembramos que alguns estudiosos não consideram esse capítulo como parte da carta. Nós seguimos o caminho comum, considerando-o como parte da carta e servindo de base para preciosas informações. No capítulo 16,1-15, Paulo cita 31 pessoas, das quais 11 são mulheres. Confira a tabela abaixo: as duas primeiras colunas servem para identificar essas pessoas. A seguir, é possível, a partir dos nomes, dizer se tal pessoa era de origem judaica ou não. Isso nem sempre é claro, pois há nomes idênticos tanto para judeus quanto para pagãos. Naquele tempo, era possível identificar a condição social de uma pessoa a partir do seu nome.

Formação da Comunidade de Roma (Rm 16,1-15)

NOME	HOMEM/ MULHER	ORIGEM/ ONDIÇÃO SOCIAL	FUNÇÃO OU TÍTULO (Como Paulo os/as chama)	IGREJA DOMÉSTICA
FEBE	Mulher	pagã	Diaconisa da igreja de Cencreia "Nossa irmã"	
PRISCA E ÁQUILA (Casal)	Mulher e Homem	Missionários judeus itinerantes de Roma para Corinto, daí para Éfeso e novamente para Roma	"Colaboradores meus"	Em sua casa
EPÊNETO	Homem	Pagão	Primeiro convertido da Ásia. "Caro"	

A carta aos Romanos

MARIA	Mulher	Judia? Pagã?	"Trabalhou muito por vocês"	
ANDRÔNICO E JÚNIA (Casal ?)	Homem e Mulher	Pagão? Pagã?	"Parentes" (=Judeus?). Companheiros de prisão de Paulo. Convertidos antes dele. "Apóstolos importantes"	
AMPLÍATO	Homem	Pagão escravo liberto	"Meu caro amigo no Senhor"	
URBANO	Homem	Pagão escravo liberto	"Nosso colaborador em Cristo"	
ESTAQUÍS	Homem	Pagão	"meu caro"	
APELES	Homem	Pagão	"Bom cristão"	
ARISTÓBULO	Homem	Judeu de condição social elevada		"Familiares" em sua casa
HERODIÃO	Homem	Judeu de condição social elevada	"Meu parente"= judeu?	
NARCISO	Homem	Pagão?		Em sua casa
TRIFENA E TRITOSA (Gêmeas?)	Mulher Mulher	Pagã Pagã	"Trabalharam pelo Senhor"	
PÉRSIDE	Mulher	Pagã, escrava liberta	"Querida". "Trabalhou muito pelo Senhor"	
RUFO	Homem	Judeu?	"Eleito no Senhor"	

MÃE DE RUFO	Mulher	Judia?	"É minha mãe também"	
ASÍNCRITO	Homem	Pagão escravo liberto?		Igreja doméstica dos que vivam na casa de Asíncrito. Flegonte, Hermes, Pátrobas e Hermas
FLEGONTE	Homem	Pagão escravo liberto?		
HERMES	Homem	Pagão escravo liberto?		
PATRÓBAS	Homem	Pagão escravo liberto?		
HERMAS	Homem	Pagão escravo liberto?		
FILÓLOGO E JÚLIA (Casal?)	Homem e Mulher	Pagão? Pagã?		Igreja doméstica dos que viviam com Filólogo e Júlia, Nereu e sua irmã, e Olimpas.
NEREU	Homem	Pagão?		
IRMÃ DE NEREU	Mulher	Pagã?		
OLIMPAS	Mulher	Pagã?		

É interessante notar as palavras elogiosas e de reconhecimento que Paulo dedica para quase todas essas pessoas. A última coluna mostra que existem, pelo menos, cinco igrejas domésticas na cidade de Roma. Note que não havia igrejas materiais como estamos acostumados a ver hoje em dia. As pessoas se reuniam nas casas que tivessem condições de abrigar um grupo de oração.

Exercício

Em uma folha à parte, anote aquilo que mais lhe chamou atenção. Não deixe de observar o tratamento carinhoso que Paulo dedica às pessoas.

2. Comunidades ricas de dons

Da porta dos fundos passamos à sala onde as pessoas se reúnem, isto é, o capítulo 12, versículos 1-13. São apresentados 7 dons que, na nossa linguagem, aproximam-se muito daquilo que chamamos "pastorais" e que abraçam tanto o campo religioso quanto o social: profecia, serviço, ensino, exortação, distribuição dos bens, presidência, exercício da misericórdia. Detalhe importante: no original grego, o verbo "presidir" significa, também, "alforriar". Isso leva a crer que as pessoas mais abastadas compravam a liberdade dos escravos que se tornavam cristãos. É por isso que no item anterior algumas pessoas eram identificadas como "escravos libertos".

Observe o seguinte: para cada dom, Paulo acrescenta uma recomendação. O dom vem de Deus, e a pessoa que o possui tem uma única saída: partilhá-lo com os outros. Isso significa que alguns eram tentados a usá-lo para se considerarem mais importantes do que os outros. Paulo aconselha: "Cada um de vocês não tenha de si mesmo um conceito mais elevado do que convém, mas uma justa estima, ditada pela sabedoria, de acordo com a medida da fé que Deus concedeu a cada um" (12,3). A "medida" da qual Paulo fala é esta: o dom é uma graça concedida, não é algo adquirido. Portanto, as pessoas estão todas em pé de igualdade. Ninguém é mais do que os outros, ninguém é menos do que os outros.

3. Tema central da carta

A carta tem um tema central, e é este: "O Evangelho é força de Deus para a salvação de todo aquele que crê, em primeiro lugar do judeu, mas também do não judeu. Porque nele a justiça de Deus se revela da fé para a fé, conforme está escrito: 'O justo viverá da fé'" (1,16-17).

III. LEITURA RÁPIDA DA CARTA

1. A humanidade diante de Deus (capítulos 1 a 7)

Paulo adota o costume de seu povo de dividir a humanidade em dois blocos, judeus e não judeus (muitas vezes, simplesmente, chamados de gregos). A humanidade assim dividida comparece diante de Deus para o julgamento.

É a vez dos "gregos". A sentença é severa. Os "gregos" não têm desculpa de não terem chegado ao conhecimento do verdadeiro Deus, pois tinham um caminho seguro para chegar a isso: o caminho da lei natural. Em outras palavras, olhando a natureza e todas as coisas criadas deviam, naturalmente, chegar à fonte e origem de tudo, ou seja, o Criador, Deus. Isso está bem claro no Antigo Testamento, por exemplo, no livro da Sabedoria (ver nesta coleção). Nele, fala-se que cada coisa criada é um caminho que conduz a seu Criador. É a mais bela vocação da criação: apontar para quem a fez. Uma criatura bela é caminho para se chegar ao Belo; um ser puro é convite para descobrir a Pureza. O erro dos "gregos" foi deter-se na criatura, adorando-a em lugar do Criador. A idolatria, portanto, é uma visão míope da criação.

Os judeus, conforme uma velha linha de pensamento, ficam contentes ao saber que os "gregos" recebem sentença de condenação. Mas a última palavra ainda não foi dita, pois eles também devem comparecer diante de Deus para o julgamento. E a sentença deles não é diferente, pelo contrário, os judeus são tão ou mais culpados, pois tinham a Lei de Moisés, as Escrituras, os Profetas e muitas outras possibilidades de relacionamento com Deus. O caminho deles era mais fácil e direto. De modo que são culpados e não têm desculpa.

A humanidade inteira, portanto, não tem como se justificar diante de Deus. Tudo perdido? Não! Pois é justamente aí, diante desse aparente impasse, que brilha a novidade de Deus.

2. Anistia para todos

Em vez de condenar a humanidade, Deus se apresenta com a grande novidade, que não é mérito do ser humano, mas expressão máxima do amor divino: a humanidade está perdoada. E essa anistia aconteceu por meio de uma pessoa muito concreta: Jesus Cristo, que veio ao mundo sem que a humanidade o merecesse, mas por pura gratuidade de Deus.

A humanidade, portanto, está salva não por próprios méritos, mas pela morte e ressurreição de Jesus, prova maior do amor que Deus tem para com o ser humano. A humanidade está salva sob uma condição: acreditar em Jesus Cristo e no amor de Deus nele manifesto.

3. A fé é a condição (capítulo 8)

Condição para ser salvo é, pois, acreditar em Jesus. Paulo busca no Antigo Testamento, em Abraão, nos profetas e nos salmos textos que comprovem que a salvação acontece por meio da fé e não por meio das obras da Lei de Moisés.

Todavia, a fé não é o ponto final do processo. No pensamento de Paulo, desde sua primeira carta (1Ts), a fé comporta rompimento com um passado de erros e abertura para uma vida nova. Essa abertura acontece quando a pessoa recebe o batismo e passa a viver a vida no Espírito.

A vida no Espírito acontece em comunidade, onde as pessoas vivem novos relacionamentos marcados pela fraternidade, amor, solidariedade. Aí a salvação estará completa.

Esse é o pensamento de Paulo. Ele, portanto, conclui: para que a humanidade se salve, é necessário anunciar o Evangelho, pois "ele é força de Deus para a salvação de todos, judeus e não judeus". Nesse sentido, é significativo recordar o pensamento de 10,14-15: "Como poderiam invocar aquele em quem não creram? E como poderiam acreditar naquele que não ouviram? E como poderiam ouvir sem pregador? E como podem pregar se não forem enviados? Conforme está escrito: Como são maravilhosos os pés dos que anunciam boas notícias".

4. "Ele veio para os seus, mas os seus não o acolheram" (capítulos 9 a 11)

Paulo não se conforma. Se as coisas são assim tão evidentes, por qual motivo o judaísmo oficial rejeitou Jesus? Não é um contrassenso? Justamente o povo ao qual Jesus pertencia é que foi capaz de o rejeitar, ao passo que os "gregos" – que o judaísmo considerava excluídos da salvação – o acolhem e lhe dão adesão pela fé. O povo ao qual Jesus pertencia tinha tudo para não o rejeitar: as Escrituras, as promessas, as alianças...

Paulo não se conforma. Sua dor é grande, e tenta refletir sobre o fenômeno. Em primeiro lugar, deve-se inocentar Deus. Ele não tem culpa pelo fato que o judaísmo oficial tenha rejeitado a salvação na pessoa de Jesus Cristo. Aquelas duas características que qualificavam o papel de Deus nas alianças passadas e que costumamos chamar de "fidelidade e amor" ou, simplesmente, "amor fiel" não se esgotaram na relação que envolve Deus e o povo judeu. Deus não abandonou seu povo, o povo judeu.

Paulo acredita, fielmente, que um dia o judaísmo irá aceitar Jesus como o Messias Salvador. Usando uma imagem bem conhecida do Antigo Testamento, a imagem da aliança em uma linguagem matrimonial – o povo judeu como esposa de Deus – Paulo acredita que os "gregos" acabarão provocando o ciúme de Israel, que voltará atrás e se arrependerá.

5. A única dívida: o amor (capítulos 12 a 14)

Os capítulos 12 a 14 – dos quais já vimos alguma coisa – tratam da vida em comunidade na diversidade de pessoas e de dons, gerando não confusão, mas unidade na diversidade. Esses capítulos podem ser resumidos em uma única frase-

-compromisso: "Nada devam a ninguém a não ser o mútuo amor, pois ele é a plenitude dos preceitos do Senhor" (13,8).

Isso vale para qualquer circunstância da vida, sobretudo quando o outro é uma pessoa frágil na fé (capítulo 14). Às vezes, é aconselhável manter em segredo as próprias convicções do que as espalhar aos quatro ventos, com graves consequências para a consciência de pessoas fracas.

> **Avaliação**
> Faça uma avaliação deste breve estudo sobre a carta aos Romanos. Reserve um tempo para ler com calma essa carta, pois é fundamental para compreender o pensamento do apóstolo Paulo, uma das figuras mais importantes de todos os tempos.

7
A carta a Filêmon

I. ANTES DE ABRIR A CARTA

1. Filêmon

Filêmon era um cristão da cidade de Colossas, e em sua casa reunia-se uma comunidade cristã, uma igreja doméstica. Era casado com Ápia, e tiveram um filho chamado Arquipo. Filêmon se tornou cristão por iniciativa de Paulo que, na carta, lhe recorda essa "dívida".

Filêmon era um bom cristão. Escrevendo-lhe a mais breve de suas cartas, Paulo reconhece-lhe o bom coração, afirmando que, graças a ele, os corações dos santos, isto é, dos cristãos, foram reconfortados. Escrevendo em grego, Paulo não usa a palavra "corações", preferindo usar um termo mais forte, "entranhas". Não sabemos exatamente o que Paulo queria dizer com a palavra "entranhas", mas podemos arriscar uma hipótese. Filêmon era uma pessoa de posses, pois devia ter uma casa ampla, apta a receber uma comunidade para as celebrações. Além disso, tinha um escravo chamado Onésimo, que ainda não se tornara cristão. É provável que, à medida que um escravo se tornasse cristão, Filêmon pagasse por ele o preço de sua liberdade, segundo o que é dito em Gálatas 3,28 acerca daqueles que se tornam cristãos: "Já não há mais diferença entre judeu e grego, entre escravo e pessoa livre, entre homem e mulher".

2. Onésimo

Era escravo de Filêmon. Onésimo significa "útil". Certo dia, não se sabe exatamente por qual motivo (a carta de Paulo sustenta a possibilidade de que o escravo tenha roubado algo do seu patrão), ele foge de Colossas e vai à procura de Paulo, que se encontra na prisão. Paulo não só o acolhe, mas também o batiza, e Onésimo se torna cristão. Paulo considera esse fato como nova geração, pois afirma: "Eu o gerei na prisão".

3. Paulo

Paulo se encontra na cadeia quando recebe Onésimo e o batiza. Não é fácil determinar a cidade em que se encontrava preso. Sabemos de uma prisão em Cesareia e outra em Roma. Porém, ambas estão muito longe de Colossas para que um escravo fujão as alcance sem ser pego pela polícia e devolvido a seu patrão. De fato, os escravos traziam, no braço, a marca de seu patrão, e normalmente circulavam com o busto nu, sendo assim facilmente identificáveis.

Paulo tinha várias possibilidades para resolver o caso do escravo convertido. Podia, simplesmente, aconselhá-lo a fugir o mais longe possível de seu patrão; podia também retê-lo para si – como revela na carta – a fim de que estivesse a seu serviço, mas prefere devolvê-lo a seu patrão com a carta que escreveu de próprio punho.

4. Paulo e a escravidão

Em todo o Império Romano, 2/3 da população era de escravos. Calcula-se que, no tempo de Paulo, a cidade de Roma, capital do império, tivesse nada mais nada menos que 80% de sua população reduzida à escravidão. Os escravos constituíam a espinha dorsal da economia do império.

Algumas pessoas pouco informadas afirmam que Paulo não moveu um dedo sequer para resolver a situação desses

2/3 de escravos. Será verdade? Evidentemente, ele nada podia fazer diante da macroestrutura escravista do Império Romano. Não podendo mexer nas estruturas, ele o faz a partir das comunidades que fundou. De fato, ele nunca abriu mão do princípio estabelecido em Gálatas 3,28, que vimos anteriormente. É por isso que a carta a Filêmon se torna extremamente importante para entender a relação Paulo e escravidão. Como vimos, tinha ele outros caminhos para resolver o caso do escravo convertido, mas prefere justamente devolvê-lo a seu patrão, a fim de testá-lo quanto a essa questão.

5. Onde e quando

O final de Colossenses (4,9) associa Onésimo a Tíquico, portador da carta aos Colossenses e da carta aos Efésios. Essa informação leva a considerar juntas as três cartas, escritas em tempos muito próximos e em um mesmo lugar. Sendo cartas do cativeiro, isto é, escritas quando Paulo estava preso, sempre foram associadas à prisão do apóstolo em Cesareia (por volta do ano 59) ou em Roma, um pouco mais tarde (por volta do ano 63). Dada a distância entre as duas cidades e Colassas, e visto que Lucas, nos Atos dos Apóstolos, não tem a intenção de registrar todas as prisões que Paulo enfrentou, supõe-se que o apóstolo tenha sofrido uma prisão na cidade de Éfeso (entre os anos 53 e 55), época e local da redação dessas três cartas. De fato, quando se refere à sua permanência em Éfeso, Paulo pinta esse período com cores muito fortes, afirmando ter enfrentado conflitos superiores às próprias forças, tendo, inclusive, perdido a esperança de sobreviver (1Cor 15,32; 2Cor 1,8-10).

II. ABRINDO A CARTA

Filêmon é a mais breve de todas as cartas de Paulo. Contém apenas 25 versículos. Paulo se apresenta como prisioneiro de Cristo Jesus e, quando escreve a carta, tem a companhia de Timóteo, que o chama de "irmão". A carta não se dirige apenas a Filêmon, mas também à sua esposa Ápia, chamada de "irmã", ao filho Arquipo, identificado como "companheiro de armas", e dirige-se também à igreja doméstica que se reúne na casa deles. Já nessa introdução, pode-se perceber o caráter amigável que circula entre Paulo e essa família, pois seu chefe Filêmon é chamado de "amado colaborador" (1-2). A saudação (3) é a mesma de todas as cartas de Paulo (veja, nesta série, *A primeira carta aos Tessalonicenses*).

Como na maioria de suas cartas, Paulo começa agradecendo em suas orações a Deus a fé que Filêmon deposita no Senhor Jesus e que se traduz no amor aos irmãos da comunidade (4-5; veja, nesta série, *A primeira carta aos Tessalonicenses*).

Entrando, de leve, no assunto, o apóstolo expressa o desejo de que a generosidade de Filêmon seja algo eficaz, como já está acontecendo, pois as "entranhas" dos cristãos foram confortadas (veja anteriormente o provável sentido dessa expressão), versículos 6-7.

Acreditando que a amizade tem uma força maior que o poder, o apóstolo faz seu apelo em favor de Onésimo, seu "filho" gerado na prisão (8-10). Paulo faz um jogo de palavras com o nome de Onésimo (termo que significa "útil"). No passado, ou seja, como escravo, ele era "inútil"; mas a partir do seu batismo passou a ser muito útil para ambos. Essa afirmação (11) é o centro da carta e a declaração de que a escravidão não faz sentido, ao contrário daquilo que declaravam certos autores da época. De fato, eles afirmavam que um escravo valia menos que um boi velho, pois o boi velho fornecia carne para os dentes, ao passo que um escravo não fornecia coisa alguma. Paulo pede que Filêmon acolha Onésimo como se estivesse acolhendo as próprias entranhas (coração) do apóstolo (12). O desejo de Paulo era que Onésimo ficasse com ele, colaborando na mesma missão. Mas nem isso Paulo se atreveu fazer sem o consentimento de Filêmon (13-14).

A carta reflete sobre a ausência temporária do escravo que fugiu da casa do patrão. Foi um ato providencial, pois agora

Filêmon o recebe de volta na qualidade de irmão amado, tanto para Paulo quanto para o patrão. E repete o pedido para que o receba como se recebesse o próprio Paulo (15-17).

O apóstolo não tem certeza de que Filêmon tenha sido lesado pelo escravo fujão. Todavia, caso isso tenha acontecido, Paulo pagará o prejuízo, mas recorda que também Filêmon lhe é devedor (18-21).

Só no fim da carta é que Paulo revela a presença de Epafras na cadeia com ele. Por perto estão outros colaboradores: Marcos, Aristarco, Demas e Lucas. A esperança de Paulo é ser libertado e visitar a família/comunidade de Filêmon.

Exercício
Abra sua Bíblia e leia a carta a Filêmon, anotando as palavras carinhosas que Paulo dirige a cada pessoa. Escreva essas palavras aqui:

Filêmon:_____

Ápia: _____

Arquipo: _____

Onésimo: _____

Epafras: _____

Marcos: _____

Aristarco:_____

Demas:_____

Lucas: _____

8
A carta aos Colossenses

I. ANTES DE ABRIR A CARTA

1. A cidade de Colossas

Não há muitas informações sobre a cidade. Sabe-se que era uma cidade da Frígia, na Ásia Menor (atual Turquia), a cerca de 120 km de Éfeso, capital da Ásia nos tempos de Paulo. Situava-se no vale do Rio Lico, próxima de Laodiceia e Hierápolis (atual Turquia). Os historiadores afirmam que Colossas se destacava pela indústria da lã e das tinturas. Há tempo a cidade desapareceu.

2. A fundação da comunidade

Não foi Paulo quem fundou a comunidade cristã que recebeu a carta aos Colossenses. Seu fundador se chama Epafras (Cl 1,7), discípulo e companheiro de Paulo. Isso pode ser deduzido da própria carta e da decisão de Epafras de consultar Paulo diante dos problemas surgidos na comunidade. Paulo é, então, uma espécie de "pai espiritual" para os cristãos de Colossas.

Vamos ver isso de perto. Paulo possuía dezenas de colaboradores e colaboradoras. Sua estratégia pastoral consistia em atingir um grande centro urbano, fundando núcleos cristãos que, crescendo, se expandiriam, formando novos núcleos na grande cidade e, a seguir, nas cidades dos arredores, às quais, muitas vezes, Paulo não chegava pessoalmente. É o caso de Colossas, onde encontramos também a comunidade que se reúne na casa de Filêmon e onde, provavelmente, Arquipo coordena e dirige uma comunidade (veja, nesta série, *A carta a Filêmon*).

Colossenses é uma carta do cativeiro, juntamente com Filipenses, Efésios e Filêmon. São assim chamadas aquelas cartas atribuídas a Paulo e que ele escreveu enquanto estava preso, não sabemos exatamente onde e quando. Supondo que seja uma carta escrita por Paulo, compreendemos que, da cadeia, ele coordena e comanda uma série de colaboradores e colaboradoras que dão continuidade à sua obra de evangelização. Dessa forma, conserva-se um laço de afinidade entre Paulo e as comunidades fundadas por seus colaboradores.

3. Os problemas

Epafras foi ao encontro de Paulo prisioneiro porque a comunidade enfrentava sérios problemas provocados por mestres perigosos, que nós não conseguimos identificar com exatidão. Há várias hipóteses:

1. Judaizantes (veja, nesta série, *A carta aos Gálatas*), pois se mencionam algumas observâncias judaicas (2,16).
2. Grupos que prestam culto a criaturas angélicas e acreditam na existência de poderes cósmicos (chamados eões), intermediários entre Deus e os seres humanos e influindo positiva ou negativamente na vida as pessoas.
3. Grupos que praticam uma ascética por si mesma e observam múltiplos tabus.
4. Gnósticos.

Ascese e gnosticismo
Ascese (palavra que significa "exercício, treinamento") é exercício prático que leva à efetiva realização da virtude, à plenitude da vida moral. **Gnosticismo** (palavra derivada de "gnose" =

> "conhecimento") foi um movimento filosófico-religioso surgido nos primeiros séculos da nossa era e diversificado em numerosas seitas, e que visava a conciliar todas as religiões e a lhes explicar o sentido mais profundo por meio da gnose. O gnosticismo privilegiava o conhecimento abstrato da religião, sem consequências concretas.

4. Uma carta deuteropaulina

Com Efésios, 2 Tessalonicenses, 1 e 2 Timóteo e Tito, Colossenses é chamada de deuteropaulina, ou melhor, não há certeza de que seu autor seja o apóstolo Paulo. Os motivos para essa dúvida são vários: tipo de linguagem, estilo, o uso de determinadas palavras estranhas ao pensamento de Paulo e a ausência de palavras comuns e frequentes nas cartas autenticamente paulinas. Por exemplo: no texto grego, encontram-se 86 palavras ausentes nas cartas de Paulo. Dessas, 34 não se encontram em nenhum outro texto do Novo Testamento.

É por isso que alguns estudiosos afirmam que estamos diante de uma carta atribuída a Paulo, mas escrita por outra pessoa a mando dele ou usando o nome dele, a fim de conferir maior credibilidade ao texto. Quando escreveu a carta o autor estava acompanhado de Lucas e Demas (4,14), e um deles poderia ter escrito a carta sob a orientação de Paulo.

O que pensar disso? Hoje em dia, a tendência é mais inclusiva do que excludente, ou seja, procura-se minimizar o problema da linguagem, do estilo e das palavras, vendo em Paulo uma pessoa maleável e capaz de se adaptar às circunstâncias.

5. Colossenses e Efésios

Colossenses e Efésios são cartas irmãs. São muito parecidas quanto ao conteúdo e aos problemas por elas enfrentados com as respectivas respostas. Tudo leva a crer que Colossenses apareceu antes de Efésios. Lá pelo final da carta,

Paulo pede para que saúdem em nome dele os cristãos de Laodiceia e a comunidade que se reúne na casa de Ninfas. Pede também que, após ter lido a carta, a façam ler aos cristãos de Laodiceia, e ordena que os colossenses leiam também a carta que ele escreveu à comunidade de Laodiceia (4,15-16). Muitos estudiosos suspeitam que a assim chamada carta aos Efésios seja, nada mais nada menos, que a carta aos de Laodiceia.

II. ABRINDO A CARTA

A carta tem quatro capítulos, que podem ser divididos de seguinte maneira: Introdução (1,1-14). Primeira parte: A superioridade de Jesus Cristo (1,15-2,5). Segunda parte: Consequências para a vida dos cristãos (2,6-3,4). Terceira parte: Exortações (3,5-4,18).

Introdução (1,1-14)

Paulo se apresenta com o título de apóstolo, sinal de que a carta irá trazer um ensinamento sólido diante dos problemas enfrentados pela comunidade. Como costuma fazer em suas cartas (exceto Gálatas), ele agradece a Deus a mudança acontecida na vida dos colossenses. Essa mudança se caracteriza por aquilo que conhecemos como virtudes teologais, ou seja, a fé, o amor, a esperança.

A fé foi a resposta que eles deram à Palavra anunciada por Epafras, e comportou o abandono de um estilo de vida anterior, para acolher a novidade do Evangelho. Com o abandono dos ídolos e mediante a *fé* em Jesus Cristo, eles receberam o batismo e passaram a formar comunidades, cujo laço se chama *amor*. Esse novo modo de viver projeta os cristãos em direção a um futuro cheio de *esperança*. Esse novo modo de viver tem como centro vital a pessoa de Jesus Cristo.

1. Primeira parte: a superioridade de Jesus Cristo (1,15-2,5)

A carta, então, apresenta um dos mais belos hinos do Novo Testamento (1,15-20). Esse hino se refere a Jesus Cristo, e está muito próximo ao final do Prólogo do Evangelho de São João. Deus, invisível, tornou-se visível na carne de Jesus, do qual ele é a imagem e mediador de toda a criação, tanto das coisas visíveis quanto das invisíveis.

O hino não discute se existem ou não seres intermediários entre Deus e a humanidade. Simplesmente afirma que foram criados por meio de Jesus Cristo e para ele. E cita o nome de algumas dessas entidades: tronos, soberanias, principados, autoridades. Além disso, o hino apresenta Jesus como Cabeça do seu Corpo que é a Igreja, e afirma que nele, por vontade de Deus, habita toda a Plenitude; mais ainda, por vontade de Deus ele reconciliou na sua cruz tudo o que existe.

Compare o que se diz da Sabedoria em Provérbios 8,22-31 e Colossenses 1,15-16.

Provérbios 8,22-31	*Colossenses 1,15-16*
Javé me produziu como primeiro fruto de sua obra, no começo de seus feitos mais antigos. Fui estabelecida desde a eternidade, desde o princípio, antes que a terra começasse a existir. Fui gerada quando o oceano ainda não existia, e antes que existissem as fontes de água. Fui gerada antes que as montanhas e colinas fossem implantadas, quando Javé ainda não tinha feito a terra e a erva, nem os primeiros ele-	Ele é a imagem do Deus invisível, o Primogênito, anterior a qualquer criatura; porque nele foram criadas todas as coisas, tanto as celestes como as terrestres, as visíveis como as invisíveis: Tronos, Soberanias, Principados e Autoridades. Tudo foi criado por meio dele e para ele.

mentos do mundo. Quando ele fixava o céu e traçava a abóbada sobre o oceano, eu aí estava. Eu me achava presente quando ele condensava as nuvens no alto e fixava as fontes do oceano; quando punha um limite para o mar, de modo que as águas não ultrapassassem a praia; e também quando assentava os fundamentos da terra. Eu estava com ele, como mestre de obras. Eu era o seu encanto todos os dias, e brincava o tempo todo em sua presença; brincava na superfície da terra, e me deliciava com a humanidade.

Ele existe antes de todas as coisas, e tudo nele subsiste.

Terminado o hino, a carta se volta para a realidade dos cristãos colossenses. No passado, eles estavam longe da reconciliação, mas pela ação de Jesus Cristo foram santificados.

Paulo sente necessidade de falar de si próprio, pois é ministro dessa reconciliação realizada em Jesus e por Jesus. É por isso que sofre em comunhão com o Senhor Jesus, a fim de realizar o projeto de Deus.

Complete

Abra sua Bíblia e complete as frases da primeira parte da carta aos Colossenses:

1,21: "Outrora vós éreis _____ e _____, pelo pensamento e pelas obras más;

1,22: mas agora, pela _____, ele vos _____ em seu corpo de carne".

1,24b: "Eu _____ em minha carne o que falta às _____ de Cristo por seu _____, que é a _____".

2. Segunda parte: consequências para a vida dos cristãos (2,6-3,4)

Depois de ter colocado os fundamentos da fé cristã, Paulo tira as consequências para a vida dos que creem em Jesus Cristo.

Em forma de exercício, descubra-as, associando a segunda parte de cada versículo do capítulo 1 e 2 da Carta aos Colossenses. Se tiver dificuldades, use a Bíblia.

"Portanto, assim como recebestes Cristo Jesus o Senhor (2,6a). ❶ ○ também com ele ressuscitastes, pela fé no poder de Deus, que o ressuscitou dos mortos".

"Tomai cuidado para que ninguém vos escravize por vãs e enganosas especulações da 'filosofia',(2,8a). ❷ ○ como vos sujeitais a proibições, como se ainda estivésseis no mundo...?"

"Fostes sepultados com ele no batismo (2,12) ❸ ○ e a vossa vida está escondida com Cristo em Deus".

"Cristo apagou o título de dívida que existia contra nós; (2,14a) ❹ ❶ como preceitos e ensinamentos dos homens".

"Portanto, ninguém vos julgue por questões de comida e bebida,(2,16a) ❺ ○ e o suprimiu, pregando-o na cruz".

"Se morrestes com Cristo para os elementos do mundo, (2,20a)"	⑥ ○	procurai as coisas do alto, onde Cristo está sentado à direita de Deus".
"Se, pois, ressuscitastes com Cristo, (3,1a)"	⑦ ○	segundo a tradição dos homens, segundo os elementos do mundo, e não segundo Cristo".
"Pois morrestes (3,3a)"	⑧ ○	ou a respeito de festas anuais ou de lua nova ou de sábados".

Respostas: 3: 6; 8: 1; 4: 7; 2: 5.

O batismo nas comunidades de Paulo

Como sinal de acolhida da Palavra anunciada e como resposta de fé na pessoa de Jesus Cristo, os adultos se faziam batizar. E o batismo se realizava, mais ou menos, assim: junto a uma piscina ou tanque de água, as pessoas mergulhavam, e esse gesto simbolizava a morte de um passado cheio de erros e pecados, passado com o qual a pessoa rompia para sempre; saindo da água, o batizado se comprometia com uma vida nova, ressuscitando para o novo modo de ser e de agir. Morte e ressurreição associadas à morte e ressurreição do Senhor Jesus Cristo. Após ter saído da água, a pessoa recebia um mandato, um compromisso a ser cumprido, e que podemos descobrir em Gálatas 3,28: "Não há mais diferença entre judeus e gregos, escravos e pessoas livres, entre homens e mulheres".

3. Terceira parte: exortações, notícias e saudações (3,5-4,18)

A última parte da carta é dedicada a exortações, notícias e saudações. A primeira exortação se refere à pessoa enquanto ser que se relaciona com outros. Há uma série de vícios do passado que devem ser abandonados, pois fazem parte do "homem velho", ou seja, o modo de agir anterior ao conhecimento de Jesus Cristo. A carta aponta uma série de virtudes enlaçadas pelo amor, o vínculo da perfeição.

Uma exortação é, especialmente, importante e se refere à moral doméstica, isto é, às relações no âmbito da família: esposa, marido, filhos, servos. Quanto aos servos, a carta não chega à superação da escravidão; pelo contrário, acredita que a atitude dos servos cristãos, que na verdade estão obedecendo a Deus e não a pessoas, beneficiará a uns e a outros. Provavelmente, na comunidade havia servos cujos patrões não eram cristãos. A postura do servo que não tinha um patrão cristão carregava-se de sabor evangelizador.

Outra exortação importante refere-se aos encontros de oração e ao modo como tratar os de fora. Não oração, vigilantes; no trato com os de fora, sabedoria.

Notícias: Tíquico, provavelmente o portador da carta, está autorizada a pôr a comunidade a par dos acontecimentos. Ele viaja com Onésimo (veja, nesta série, *a carta a Filêmon*). Paulo está preso com Aristarco, e ambos mandam saudações, juntamente com Marcos, primo de Barnabé (com grande probabilidade autor do Evangelho de Marcos). Nos Atos dos Apóstolos menciona-se o desentendimento entre Paulo e Barnabé justamente por causa de João Marcos. Parece que o tempo os reconciliou. As saudações continuam: Jesus, Epafras, Lucas, Demas...

Avaliação
É importante que você avalie este breve estudo da carta aos Colossenses. Tente resumir com suas palavras, como se tivesse de apresentar um resumo a um grupo, que pouco conhece dessa carta.

9
A carta aos Efésios

I. ANTES DE ABRIR A CARTA

1. Uma carta deuteropaulina

Com Colossenses, 2 Tessalonicenses, 1 e 2 Timóteo e Tito, Efésios é chamada de deuteropaulina, isto é, não há certeza de que seu autor seja o apóstolo Paulo. Os motivos para essa dúvida são vários: tipo de linguagem, estilo, o uso de determinadas palavras estranhas ao pensamento de Paulo e a ausência de palavras comuns e frequentes nas cartas autenticamente paulinas (aqui vale o que foi dito da carta aos Colossenses).

2. Efésios e Colossenses

Efésios e Colossenses são cartas irmãs. São muito parecidas quanto ao conteúdo e aos problemas por elas enfrentados com as respectivas respostas. Tudo leva a crer que Colossenses apareceu antes de Efésios. Lá pelo final da carta aos Colossenses, Paulo pede para que saúdem em nome dele os cristãos e Laodiceia e a comunidade que se reúne na casa de Ninfas. Pede, também, que após ter lido a carta a façam ler aos cristãos de Laodiceia, e ordena que os colossenses leiam também a carta que ele escreveu à comunidade de Laodiceia (4,15-16). Muitos estudiosos suspeitam que a assim chamada carta aos Efésios seja, nada mais nada menos, que a carta aos de Laodiceia.

Confira como Efésios "copia" Colossenses:

Colossenses	*Efésios*
1,13-14: "Ele nos arrancou do poder das trevas e nos transportou para o Reino do seu Filho amado, no qual temos a redenção, a remissão dos pecados".	**1,7:** "...para louvor e glória da sua graça com a qual ele nos agraciou no Amado. É pelo sangue deste que temos a redenção, a remissão dos pecados".
2,13: "Vós estáveis mortos por vossas faltas e pela incircuncisão da vossa carne, e ele vos vivificou juntamente com Cristo. Ele vos perdoou as vossas faltas".	**2,1.5a:** "Vós estáveis mortos em vossos delitos e pecados... Quando estávamos mortos em nossos delitos, ele nos vivificou juntamente com Cristo".
2,19: "... ignorando a Cabeça, pela qual todo o Corpo, alimentado e coeso pelas juntas e ligamentos, realiza seu crescimento em Deus".	**4,16:** "... cujo Corpo, em sua inteireza, bem ajustado e unido por meio de toda junta e ligadura, com a operação harmoniosa de cada uma das suas partes, realiza o seu crescimento para sua própria edificação no amor".

Os exemplos são inúmeros, mas esses são suficientes para mostrar que Efésios depende de Colossenses, copiando e ampliando a reflexão.

3. Carta aos Efésios?

Estudando a carta aos Colossenses, fomos informados de que a carta aos Efésios podia ser, na realidade, a carta que Paulo enviou aos cristãos de Laodiceia. Agora vamos ver outra hipótese debatida entre os estudiosos: aquela que conhecemos como carta aos Efésios poderia ter sido, na verdade, uma carta circular enviada às comunidades das cidades próximas a Éfeso. Dessa carta teriam sido feitas várias cópias, a fim de que todas as comunidades cristãs dos arredores de Éfeso entrassem em contato com sua mensagem. Veja o começo da carta, segundo a tradução da Bíblia de Jerusalém: "Paulo, apóstolo de Cristo Jesus, pela vontade de Deus, aos santos que fiéis em Cristo Jesus: graça e paz a vós da parte de Deus, nosso Pai, e do Senhor Jesus Cristo".

Notemos um detalhe: não se fala de Éfeso, e uma nota de rodapé dá a seguinte explicação: A expressão "em Éfeso", sem dúvida, faltava no texto primitivo... A expressão "que estão" seria seguida por um espaço em branco, destinado ao nome dessa ou daquela igreja à qual seria enviada a carta.

4. Falando de datas

É muito difícil estabelecer, com exatidão, a data em que essa carta foi redigida. Com certeza, ela foi escrita imediatamente após a carta aos Colossenses, e ambas nasceram na prisão. Todavia, de qual prisão se trata? Paulo esteve preso em várias ocasiões e em diversos lugares: em Cesareia por dois anos (por volta de 59-60) e em Roma (anos 61-63). Mas é provável que tenha estado na prisão também em Éfeso, entre os anos 54-55. Aqueles que defendem Roma como lugar de onde as cartas partiram alegam, entre outros argumentos, a questão do tema e dos problemas tratados nas cartas, que revelariam uma época posterior às grandes cartas de Paulo (Romanos, Coríntios, Gálatas). Contra essa hipótese há o problema da distância. A questão da distância refere-se também à possibilidade de as cartas terem sido escritas em Cesareia. A hipótese de terem sido redigidas em Éfeso é sedutora por causa da proximidade, mas contra ela há a questão da linguagem e dos temas abordados (para complementar esse estudo, reveja o que foi dito acerca da carta aos Colossenses).

5. A missão de Tíquico

Tíquico, companheiro e colaborador de Paulo, é o portador de ambas as cartas, e não só. Nelas Paulo afirma que ele está autorizado a informar as comunidades, pondo-as a par da situação vivida por Paulo na prisão: "Para saberdes o que se passa comigo e o que faço, envio a vós Tíquico, irmão amado e fiel ministro no Senhor. Ele vos dirá tudo que se passa entre nós e leva minha exortação aos vossos corações" (Ef 6,21-22). "Quanto a mim, Tíquico, irmão amado e fiel ministro e companheiro de serviço no Senhor, vos dará todas as informações. Eu vo-lo envio especialmente para vos informar de tudo o que aqui se passa e para confortar os vossos corações" (Cl 4,7-8). Tíquico tem como companheiro de viagem Onésimo, portador da carta a Filêmon (ver nesta série).

II. ABRINDO A CARTA

Os seis capítulos que compõem a carta podem ser divididos em dois momentos: capítulos 1 a 3 e 4 a 6. Na primeira parte (capítulos 1 a 3), Paulo aprofunda o tema da história da salvação, que tem como centro e ápice a pessoa de Jesus Cristo, Cabeça da Igreja, que é seu Corpo. Na segunda parte (capítulos 4 a 6), encontramos uma série de exortações para a aplicação concreta da primeira parte na vida das comunidades cristãs.

Primeira parte (capítulos 1 a 3): a história da salvação

Observe bem: Os dois primeiros versículos da carta citam três vezes Jesus Cristo, sinal de que estamos diante do personagem central de toda a carta.

Efésios 1,3-14 é um magnífico hino de louvor a Deus por sua ação na história da humanidade, por meio de Jesus Cristo, que faz dela a história da salvação. Essa história é apresentada como bênção – palavra que recorda vida e fecundidade – e contempla seis etapas, síntese de todo o bem que Deus concedeu ao ser humano:

Primeira bênção: Em Cristo, Deus **nos escolheu** antes de criar o mundo, a fim de que sejamos santos e irrepreensíveis diante dele no amor (versículo 4).

Segunda bênção: Em Cristo, Deus **nos predestinou** para que sejamos seus filhos adotivos (versículo 5).

Terceira bênção: Pelo sangue de Jesus Cristo alcançamos a **redenção e a remissão dos pecados** (versículo 7).

Quarta bênção: Deus **nos deu a conhecer o mistério** da sua vontade: fazer de Jesus Cristo Cabeça de todas as coisas (versículos 9-10).

Quinta bênção: Em Cristo, Deus **nos tornou seus herdeiros** (versículos 11-12).

Sexta bênção: Em Cristo, **fomos selados com o Espírito Santo** (versículos 13-14).

Exercício
1. Leia em sua Bíblia o hino e anote quantas vezes aparece a expressão "para louvor e glória". **2.** Em sua opinião, qual das seis bênçãos é central?

Mistério
Em algumas cartas de Paulo aparece, com frequência, a palavra "mistério". Não se trata de coisa desconhecida e indecifrável, impenetrável e incompreensível, mas de algo que, embora compreendamos seu significado, não conseguimos abraçar completamente seu alcance. Em português, essa palavra pode ser substituída por "projeto de Deus": compreendemos em parte, mas não plenamente. Paulo é ministro desse mistério.

* * *

Literatura paulina

Depois do hino, Paulo reza, primeiro agradecendo, e a seguir intercedendo, a fim de que os cristãos estejam à altura das bênçãos concedidas em Cristo (1,15-23).

O capítulo 2 desenvolve dois temas importantes: **1.** Aquilo que Deus concedeu à humanidade na pessoa de Jesus Cristo não é mérito do ser humano, mas pura obra da graça: "pela graça sois salvos" (2,5). **2.** Na pessoa de Jesus, em sua morte e ressurreição, a humanidade inteira foi reconciliada entre si e com Deus. Foi reconciliada entre si: acabou a divisão entre judeus e não judeus; de agora em diante há um só povo.

> **O muro caiu**
> O Templo de Jerusalém tinha vários pátios que dividiam as pessoas: o pátio das mulheres, o pátio dos judeus (homens) e o pátio dos pagãos. À entrada do pátio dos homens judeus havia um aviso (a placa hoje está em algum museu) alertando os pagãos (gregos) a não adentrarem no pátio dos judeus para não serem réus de morte (veja Atos dos Apóstolos 21,29). A morte de Jesus derrubou esse "muro" separatista.

O capítulo 3 associa Paulo e o "mistério": Deus o escolheu para ser portador e anunciador do mistério entre os pagãos.

Segunda parte (capítulos 4 a 6): exortações

Abra a Bíblia e resuma os capítulos 4 a 6 da Carta aos Efésios, associando:

A quem se destina		O que Paulo pede
Todos (4,1-5)	**1**	○ não maltratar os servos
Família (5,21)	**2**	○ submissão mútua
Esposas (5,22)	**3**	○ amar a esposa

Maridos (5,25-32)	④	○	educar com correções e advertências
Filhos (6,1-3)	⑤	○	submeter-se ao marido como ao Senhor
Pais (6,4)	⑥	○	obedecer com temor e tremor
Servos (6,5-8)	⑦	○	obedecer aos pais, no Senhor
Senhores (6,9)	⑧	①	união/unidade

Respostas: 8; 2; 4; 6; 3; 5; 6; 1.

Exercício

Ao longo do estudo das cartas de Paulo você ouviu e aprendeu que ele fala muito dos seguintes opostos: ídolos x Deus vivo e verdadeiro; homem velho x homem novo; roupa velha x roupa nova; trevas x luz; noite x dia; embriagados x sóbrios; vestidos x nus; obras da carne x obras do Espírito etc. O tema reaparece em Efésios 4,17-5,20. Tente explicar, com suas palavras, o que isso vem a ser (se quiser, escreva em uma folha) e depois confira com o texto de Efésios.

Armando o soldado (Ef 6,14-17). A carta compara o cristão a um soldado vestido com a "armadura de Deus" para poder resistir aos ataques do diabo. Cada parte do corpo corresponde a uma arma.

Partes do corpo: rins, tórax (couraça), pés, lado esquerdo (escudo), cabeça (capacete), mão direita (espada).

Armas: verdade, justiça, zelo para propagar o Evangelho da paz, fé, salvação, do Espírito (que é a Palavra de Deus).

Literatura paulina

Complete as partes que que faltam da citação bíblica abaixo, tirada de Efésios 6,14-17, utilizando as expressões que, segundo Paulo, constituem as armas do cristão.

Salvação, do Espírito (que é a Palavra de Deus), justiça, fé, zelo para propagar o Evangelho da paz

Eu o armo assim: Amarro-lhe os rins com a _____, protejo-lhe o tórax com a couraça da _____, calço-lhe os pés com _____ _____, ponho-lhe no braço esquerdo o escudo da _____, protejo-lhe a cabeça com o capacete da _____ e coloco-lhe, na mão direita, a espada _____.

Respostas: verdade, justiça, zelo para propagar o Evangelho da paz, fé, salvação, do Espírito (que é a Palavra de Deus).

Avaliação
Não deixe de avaliar o estudo de Colossenses e Efésios. Dê uma nota para o estudo apresentado e para sua participação nele.

10
A segunda carta aos Tessalonicenses

I. ANTES DE ABRIR A CARTA

1. Uma carta deuteropaulina

A segunda carta aos Tessalonicenses pertence àquele grupo de cartas das quais não temos certeza que seu autor seja o apóstolo Paulo. Por isso são chamadas de "deuteropaulinas". Seu autor pode ter sido um companheiro de Paulo ou qualquer outra pessoa que se esconde por detrás do nome de Paulo para dar maior credibilidade ao texto.

Nem mesmo o fato de o autor chamar-se Paulo é suficiente para resolver a questão. Mais ainda: justamente o fato de usar o nome de Paulo pode ser indício de que se trata de outra pessoa. No fim da segunda carta aos Tessalonicenses (3,17) se lê: "A saudação é de meu próprio punho, Paulo. É este o sinal que distingue minhas cartas. Aí está a minha letra!" Mas, para os especialistas, nem isso é suficiente para afastar a hipótese que não seja de Paulo. Neste estudo vamos passar longe das especulações dos peritos, considerando Paulo, Silvano e Timóteo os autores dessa carta, com especial importância e relevo do fundador das comunidades de Tessalônica, ou seja, o apóstolo Paulo.

2. Onde e quando foi escrita

Sendo uma carta, cujo autor é Paulo, e visto que antes dela foi escrita outra carta; dado que os autores são os mesmos da primeira, e constatando que a segunda, de algum modo, continua e aprofunda temas inacabados da primeira, é lógico pensar que tenha sido escrita no mesmo lugar da primeira, isto é, a cidade de Corinto, alguns meses depois da anterior. Chegamos, assim, a uma data bastante aproximada, provavelmente o segundo semestre do ano 51.

Este rápido estudo leva em conta o estudo da primeira carta aos Tessalonicenses apresentada anteriormente neste livro, no capítulo 1.

II. ABRINDO A CARTA

A carta é mais breve que a primeira, possui apenas três capítulos. O início é igual ao da primeira. E, como na primeira, logo aparece a ação de graças a Deus por causa da fé ativa e do amor sempre crescente entre os membros da comunidade. Contudo, Paulo omite a terceira virtude que chamamos de teologal, a esperança, sinal de que estamos diante de um problema novo para os cristãos tessalonicenses. De fato, a maior parte da carta trata do tema "esperança", associado à segunda vinda do Senhor Jesus.

A esperança é substituída pela resistência diante das perseguições e atribulações enfrentadas pela comunidade, tema já aparecido na primeira carta, mas não assimilado. Paulo acrescenta, na linha da retribuição, uma explicação a respeito daquilo que acontece aos que perseguem os cristãos. Por um lado, a tribulação sofrida abre as portas da vida eterna a quem resiste e persevera; por outro, fecha as portas aos perseguidores, pois é dado a cada um conforme sua conduta.

Já na primeira carta, no capítulo 5, falava-se da segunda vinda do Senhor Jesus. Todo o capítulo 2 da segunda carta aborda esse tema, sinal de que não fora bem assimilado até o momento. A carta fala de "palavra profética" e de "carta supostamente atribuída a Paulo" acerca do final dos tempos e da segunda vinda. O efeito dessas iniciativas se traduz em perda da serenidade e perturbações. Paulo, então, faz memória de coisas ditas a viva voz por ocasião da primeira evangelização, e que são coisas que escapam à nossa compreensão. Ele começa dando a entender que o Dia do Senhor não está próximo, como afirmam algumas cartas a ele atribuídas. Antes disso, acontecerá a apostasia (abandono da fé por parte de muitos); depois disso, aparecerá o homem ímpio, o filho da perdição, o adversário que se levanta contra tudo o que se chama Deus, ou recebe culto, chegando a sentar-se pessoalmente no Templo de Deus, e querendo se passar por Deus.

Paulo, certamente, está pensando na repetição daquilo que aconteceu entre os anos 167 e 164 antes de Cristo, quando Antíoco IV Epífanes praticou todos esses horrores, antes de morrer. Paulo imagina que algo semelhante irá acontecer antes da vinda do Senhor. Assim como na época de Antíoco muitos abandonaram a fé, da mesma forma haverá apostasia entre os fiéis. A carta fala de algo ou de alguém que impede ou retém a manifestação do homem ímpio, e garante que a comunidade está a par disso, pois ele tratou desse assunto quando estava pessoalmente presente entre eles, mas nós não sabemos do que se trata.

A vinda do homem ímpio será marcada pela atividade de Satanás (palavra que significa *adversário*), seduzindo e enganando muitas pessoas. Mas o homem ímpio será destruído pelo sopro da boca do Senhor, quando ele vier. O capítulo 2 se encerra com um apelo à perseverança e destemor.

No último capítulo, pedem-se orações pelos missionários, cercados de pessoas más. Retorna o tema dos ociosos, já apontado na primeira carta e mais desenvolvido na segunda (3,6-15). Os últimos versículos (16-18) encerram um breve desejo, a autenticação da carta e a saudação final.

Avaliação
Lembre-se de avaliar o estudo das cartas de Paulo, um autor fascinante, apaixonado e apaixonante. Aquilo que vimos é apenas o começo de uma aventura que jamais termina...

11
A primeira carta a Timóteo

I. ANTES DE ABRIR A CARTA

1. Timóteo

De acordo com os Atos dos Apóstolos (16,1), Timóteo era natural de Listra. Seu nome significa "Aquele que honra a Deus". A segunda carta a ele dirigida (2Tm 1,5) menciona sua mãe Eunice e sua avó Lóide, responsáveis por sua formação e crescimento na fé "sem hipocrisia". Sua mãe era judia.

O povo de Listra e de Icônio dava testemunho positivo acerca de Timóteo (At 16,2). Na segunda viagem missionária, Paulo o tomou consigo e, para não ter problemas com os judeus, circuncidou-o, pois tinha sangue judeu. Provavelmente Timóteo conheceu Paulo por ocasião da primeira viagem quando, nessa cidade, o apóstolo foi apedrejado e tido como morto (At 14,19-20).

Timóteo tornou-se o mais estreito colaborador de Paulo, a ponto de o apóstolo fazer dele o seguinte elogio: "Não tenho ninguém de igual sentimento que tão sinceramente se preocupe com o que vos diz respeito... Vós sabeis que prova deu: como filho ao lado do pai, serviu comigo à causa do Evangelho" (Fl 2,20.22). Mais de uma vez nós o vemos fazendo a sós longas viagens (veja, por exemplo, 1 Tessalonicenses 3,1-3) a fim de representar Paulo diante das comunidades cristãs.

Podemos, então, traçar o perfil do melhor companheiro de Paulo: de caráter dócil, obediente, austero e entusiasta pela missão. Sua saúde não era das melhores, pois na primeira carta (5,23) recebe o seguinte conselho: "Não continues a beber somente água; toma um pouco de vinho por causa de teu estômago e de tuas frequentes fraquezas".

2. Duas cartas deuteropaulinas

Alguns estudiosos levantam suspeitas acerca da autenticidade paulina dessas duas cartas, sobretudo da primeira, e os motivos podem ser resumidos da seguinte maneira: nelas encontram-se palavras e temas estranhos às grandes e autênticas cartas de Paulo, fenômeno que já encontramos ao estudar as cartas aos Efésios e aos Colossenses. O estilo já não é o mesmo das grandes cartas de Paulo, nas quais ele argumenta, rejeita com paixão, força e coragem. O autor é mais burocrático.

A mesmas hipóteses oferecidas no estudo anterior de outras cartas deuteropaulinas valem também aqui: Paulo pode ter encarregado alguém para que escrevesse; alguém pode ter escrito usando o nome de Paulo, a fim de conferir ao texto maior credibilidade etc. Todavia, a tendência atual é a favor da autenticidade, apesar das diferenças de texto e de estilo.

3. Cartas "pastorais"

As duas cartas a Timóteo e a carta a Tito são chamadas por muitos de "pastorais" porque são dirigidas a pastores, ou seja, a lideranças de comunidades cristãs. O termo, porém, não deve ser tomado de modo exclusivo, pois também as outras cartas de Paulo são essencialmente cartas pastorais, isto é, foram escritas para orientar a caminhada das comunidades. O apóstolo Paulo deve ser tomado, antes de tudo, como fundador e animador de comunidades cristãs, e não como teólogo profissional desligado do dia a dia das comunidades. Ou, dito de outra forma, a teologia que Paulo elabora parte do chão em que se encontram os seguidores de Jesus Cristo. Nesse sentido, não existe carta de Paulo que não seja pastoral.

4. Falando de datas

Aceitando o fato que sejam cartas paulinas, falemos rapidamente da data em que teriam sido escritas. E também quanto a isso não existe certeza, pois Paulo não costumava datar seus escritos. Isso se torna ainda mais difícil por não termos uma data exata da morte do apóstolo Paulo. De fato, a segunda carta a Timóteo deve ter sido escrita um pouco antes de sua morte, ocorrida entre os anos 64 e 68. No final dessa carta, encontramos informações acerca dos derradeiros acontecimentos da vida do apóstolo: abandono total na primeira audiência diante do tribunal romano; sensação de ter chegado ao final de sua jornada etc. É uma espécie de "testamento espiritual".

A segunda carta a Timóteo é, sem dúvida, o último escrito de Paulo, e a primeira a Timóteo e a carta a Tito devem ter sido redigidas um pouco antes. O local, evidentemente, é a cidade de Roma, onde ele se encontra preso (segunda carta a Timóteo) e onde sofrerá o martírio.

5. Problemas

A primeira carta a Timóteo e a carta a Tito são muito parecidas quanto aos temas e aos problemas que envolvem as comunidades onde os dois companheiros de Paulo exercem liderança. Ambas falam de falsos doutores ou mestres infiltrados nas comunidades e ensinando coisas contrárias à fé e ao autêntico ensinamento. Quem seriam esses falsos mestres? O que ensinariam? Não é fácil estabelecer com clareza; veja as seguintes possibilidades:

1. Poderiam ser judeus que se tornaram cristãos, mas continuam defendendo a necessidade da prática da Lei de Moisés como condição indispensável para que as pessoas se salvem. Em outras palavras, seriam os mesmos *judaizantes* que encontramos ao estudar a carta aos Gálatas.

2. Poderiam ser cristãos que aderiram ao *gnosticismo*, como encontramos ao estudar a carta aos Colossenses e a carta aos Efésios.

3. Ou poderiam ser adeptos do *culto do imperador*, como encontraremos ao estudar o Apocalipse. Essa hipótese vem do fato que a primeira carta a Timóteo insiste bastante na pessoa de Jesus Cristo enquanto *Salvador*, título que o imperador romano atribuía a si mesmo com o consentimento de muitas pessoas.

4. Ou, quem sabe, um pouco de tudo: judaizantes, gnósticos e praticantes do culto do imperador. Fato é que Timóteo tem uma tarefa árdua diante desses problemas.

II. ABRINDO A PRIMEIRA CARTA

A primeira carta a Timóteo tem seis capítulos que, rigorosamente falando, não podem ser divididos ou agrupados em partes nitidamente distintas. Os temas vão da rejeição dos falsos mestres à organização das comunidades, tudo isso permeado de orientações e trechos de poemas litúrgicos.

1. Por que Timóteo foi deixado por Paulo em Éfeso?

Após identificar-se e depois de identificar o destinatário, saudando-o (1,1-2), Paulo responde imediatamente à questão: Timóteo deve chamar a atenção daqueles que ensinam outra doutrina. Evidentemente, trata-se de pessoas que pertencem às comunidades cristãs. O objetivo da admoestação é recuperar aqueles que se desviaram do bom caminho (1,3-7). A pressa de Paulo é evidente: vai logo à questão, antes mesmo de dar graças a Deus, como é costume em suas cartas.

Ele acusa os falsos mestres de pretenderem passar por doutores da Lei (nesse caso, seriam os judaizantes). E arremata: a Lei é boa para os maus (1,8-11).

O tema dos falsos mestres retorna no capítulo quarto. A descrição, ou melhor, a caricatura é extensa (4,1-5). O fato de acusá-los de proibirem os casamentos faz pensar, entre outras coisas, no movimento gnóstico. Uma acusação grave (6,6): eles fazem da religião uma fonte de lucro.

2. Organizar as comunidades

Paulo encarrega Timóteo de organizar as comunidades a partir de suas lideranças. Em primeiro lugar, a pessoa do epíscopo (3,1-7). A palavra significa "supervisor", e ainda não tem toda a carga que recebe o termo "bispo" em nossos dias, embora derive desse termo grego. As qualidades exigidas para que alguém se torne epíscopo abrangem todos os âmbitos da vida: pessoal, familiar, social. Ele deve ser um cidadão exemplar.

Em segundo lugar, os diáconos (palavra que significa "servidores"). Também deles exigem-se qualidades e comportamentos dignos de um bom cidadão, e em todos os níveis (3,8-10.12-13). O versículo 11 fornece indicações para as mulheres. Esposas dos diáconos? Elas próprias diaconisas? Não se sabe.

Em terceiro lugar, os presbíteros (5,17-25). A palavra significa "anciãos", e a função do presbítero é exercer a presidência da comunidade, trabalhando no ministério da Palavra e na instrução. São os ancestrais dos atuais sacerdotes ou padres. A tarefa de Timóteo em relação aos presbíteros é dupla: preservá-los de calúnias e admoestar aqueles que erram.

Em quarto lugar, a pastoral dos excluídos, no caso, as viúvas que não têm ninguém que as proteja (5,3-16). Note-se um detalhe importante: desde os tempos do Antigo Testamento, as viúvas se encontravam entre as pessoas mais desprotegidas e expostas à exploração dos inescrupulosos. Aqui, porém, as viúvas que não têm um lar encontram nas comunidades uma casa, uma família.

Literatura paulina

A carta dá indicações oportunas para o trato com as pessoas: não repreender com dureza o ancião, mas admoestá-lo como a um pai; tratar os jovens como irmãos; tratar as senhoras como mães; as moças, como irmãs (5,1-2).

Aos escravos, a carta ordena respeito para com seus patrões. A ordem é dada àqueles escravos cujo patrão não é cristão, para que o nome de Deus não seja blasfemado (6,1). Aos escravos cujo patrão é cristão, a carta recomenda respeito por serem irmãos (6,2; para a questão da escravidão, ver nesta série *A carta Filêmon*).

Uma orientação para as mulheres em geral: pudor, modéstia, simplicidade. O valor de uma mulher não está naquilo que se pendura externamente, mas está dentro da pessoa (2,9-10; para a questão do silêncio das mulheres na assembleia, veja, neste livro, *A primeira carta aos Coríntios*).

Resuma o que foi dito até aqui, associando. Se precisar releia novamente a Carta a Timóteo.

Timóteo	❶	◯	provável grupo de falsos mestres
Éfeso	❷	◯	carta que contém o elogio a Timóteo
Primeira carta a Timóteo	❸	◯	cidade natal de Timóteo
Eunice	❹	◯	maior colaborador de Paulo
Lóide	❺	◯	grupo social amparado
Listra	❻	◯	palavra que deu origem a "bispo"

A primeira carta a Timóteo

Epíscopo	**7**	⃝ elogio de Paulo a Timóteo
Presbítero	**8**	⃝ mãe de Timóteo
Viúvas	**9**	⃝ carta semelhante à carta a Tito
Judaizantes	**10**	⃝ nome da avó de Timóteo
"Como um filho junto a seu pai"	**11**	⃝ lugar onde Paulo deixou Timóteo
Filipenses	**12**	⃝ palavra que significa "ancião"

Respostas: 10, 12, 6, 1, 9, 7, 11, 4, 3, 5, 2, 8.

Nas colunas 2 e 3 há elementos afins com o tema da primeira coluna, divirta-se organizando-os na sequência correta.

1. Companheiros de Paulo
2. Organização
3. Família
4. Falsos mestres
5. Cidades

a. Eunice
b. Listra
c. Judaizantes
d. Epíscopo
e. Tito

a. Gnósticos
b. Timóteo
c. Éfeso
d. Lóide
e. Presbíteros

Sequência

1. _____
2. _____
3. _____
4. _____
5. _____

Respostas: 1/e/b; 2/d/e; 3/a/d; 4/c/a; 5/b/c.

3. A oração não exclui ninguém

Finalmente, uma recomendação acerca da oração litúrgica (2,1-8). Não há apenas um tipo de oração, e a carta especifica: pedidos, orações, súplicas e ações de graças. E os destinatários da oração cristã são todos, sem excluir ninguém. A oração pelos que detêm autoridade tem uma finalidade muito clara: "a fim de que levemos uma vida calma e serena, com toda piedade e dignidade" (2,2). *Piedade* faz pensar em *religião*, e *dignidade* recorda *cidadania*. Portanto, além de não excluir ninguém, a oração não esquece nenhuma dimensão da vida do ser humano.

Abra sua Bíblia na primeira carta a Timóteo e complete as frases, obtendo o perfil de Paulo e de seu mais estreito colaborador, Timóteo.

Paulo (1,12): "Sou _____ para com aquele que me deu _____, Cristo Jesus, nosso Senhor, que me julgou _____, tomando-me para o seu _____".

Timóteo (4,12): "Que ninguém _____ tua jovem idade. Quanto a ti, sê para os fiéis _____ na palavra, na _____, na caridade, na fé, na _____".

12
A segunda carta a Timóteo

I. ANTES DE ABRIR A CARTA

1. Uma carta-testamento

A segunda carta a Timóteo parece ser a última comunicação escrita do apóstolo Paulo. De fato, no final da carta, ele declara ter chegado ao fim de sua carreira, afirma ter chegado o momento de sua partida, percebe que sua vida está se encerrando, garante ter combatido o bom combate e conservado a fé. O texto, portanto, reveste-se de um caráter de despedida; é feito um balanço positivo diante do fim iminente.

Essas informações são suficientes para que afirmemos se tratar de um "testamento espiritual" entregue nas mãos de seu mais fiel colaborador, Timóteo.

2. Uma carta deuteropaulina

Aquilo que foi dito como introdução à primeira carta a Timóteo vale também aqui. Todavia, os estudiosos são menos resistentes quanto à possibilidade de essa carta ser fruto genuíno do apóstolo Paulo. O caráter tão pessoal desse texto é um motivo forte para não duvidar da autenticidade paulina. Neste estudo, nós a consideramos como carta de Paulo e, mais ainda, como sua despedida, seu testamento espiritual e como texto que oferece um quadro maravilhoso do agente de pastoral e do mártir cristão.

II. ABRINDO A SEGUNDA CARTA

A segunda carta a Timóteo tem quatro capítulos e, como a primeira, não possui partes bem distintas entre si. O texto flui normalmente como acontece quando escrevemos uma carta e não nos preocupamos com a organização do texto.

Como de costume, após a apresentação de si mesmo, a citação do destinatário e a saudação (1,1-2), temos a costumeira ação de graças das cartas de Paulo (1,3-5), marcada pelo afeto, amizade e saudade.

Em seguida, encontramos um primeiro retrato do agente de pastoral e o primeiro retrato do mártir cristão. O agente de pastoral é Timóteo, e o mártir cristão, Paulo. De Timóteo pede-se o reavivamento do dom recebido, com coragem, sem envergonhar-se da situação enfrentada pelo mártir cristão: a prisão por causa do Evangelho (1,6-11). Paulo não se envergonha de ser considerado marginal por causa de Jesus Cristo: "Eu sei em quem depositei a minha fé, e estou certo de que ele tem poder para guardar o meu depósito até aquele Dia" (1,12).

O retrato do mártir cristão continua, e sua situação é de abandono total, à semelhança daquilo que aconteceu com o Senhor Jesus, no momento mais difícil de sua vida (1,15).

O capítulo 2 se abre com novo retrato do agente de pastoral, que se fortifica na graça que está em Cristo Jesus (2,1). Surge, então, o tema do sofrimento. Como entendê-lo e como encará-lo? Paulo emprega as metáforas do soldado, do atleta e do agricultor. O soldado enfrenta o sofrimento para dar satisfação a quem o contratou; o atleta só recebe a recompensa após ter lutado segundo as regras; o agricultor que plantou tem direito de ser o primeiro a participar dos frutos (2,3-7).

E continua, também, o retrato do mártir cristão, expresso na pessoa de Paulo prisioneiro: ele tem a certeza de que não é possível algemar a Palavra, mesmo que prendam seus anunciadores (2,9-10). Um poema (versículos 11-13) fornece a razão de tudo isso: a união com o Senhor Jesus morto e ressuscitado.

O retrato do agente de pastoral continua, agora em confronto com os falsos agentes de pastoral, que devem ser corrigidos e educados com suavidade, a fim de ganhá-los para o bem (2,14-26).

O capítulo 3 aborda o tema comum do final dos tempos assinalado por muitas dificuldades. A carta descreve abundantemente as péssimas características das pessoas responsáveis pelos "momentos difíceis". Entre essas pessoas encontram-se alguns que se aproveitam da fragilidade dos pequenos, no caso, mulheres fragilizadas. O capítulo se encerra com uma bela afirmação a respeito da Palavra de Deus: "Toda Escritura é inspirada por Deus e útil para instruir, para refutar, para corrigir, para educar na justiça, a fim de que o homem de Deus seja perfeito, qualificado para toda boa obra" (3,16-17).

O último capítulo se abre com outras características do agente de pastoral: proclamar a Palavra sem cessar, a partir dela refutar, ameaçar, exortar (4,1-2). E passa a descrever a situação de Paulo às portas de seu desfecho final. Ele revive, em sua carne, a paixão e morte de Cristo Jesus. Com várias imagens, ele mostra estar perto de seu fim:

1. *Imagem da libação* (4,6): libação era no Antigo Testamento uma porção de água, azeite ou vinho derramada sobre a vítima oferecida em sacrifício.

2. *Imagem do barco que parte* (4,6): antigamente soltavam-se as velas dos barcos para partir rumo a um destino novo, a um novo porto. Para Paulo, a morte não é uma partida sem rumo e sem destino; parte-se para chegar a um lugar melhor.

3. *Imagem do soldado* (4,7): Paulo tem consciência de haver lutado como bom soldado de Cristo.

4. *Imagem do atleta* (4,7): no começo da carta, Paulo havia dito a Timóteo que o atleta só recebe a coroa da vitória se tiver lutado segundo as regras (2,5). Paulo tem consciência de que sua vida foi marcada pela luta incansável. Agora aguarda o prêmio, a coroa da justiça.

Literatura paulina

Notícias e despedida (4,9-22). Paulo pede que Timóteo vá ao encontro dele sem demora, pois está sozinho, na prisão; somente Lucas está por perto. Pede para que Timóteo traga consigo João Marcos, primo de Barnabé. De acordo com os Atos dos Apóstolos, João Marcos abandonou Paulo na primeira viagem (13,13) e foi motivo da separação de Paulo e Barnabé (15,37-38). O tempo se encarregou de curar as feridas.

A situação de Paulo na prisão devia ser precária, pois ele quer resgatar os pergaminhos e o manto que deixou em Trôade, na casa de certo Carpo. Ele se sente só, sem direito a um advogado de defesa. Totalmente abandonado, encontra forças para pedir a Deus que perdoe os seus inimigos, à semelhança de Jesus.

No tribunal ele soube se defender, comprovando aquilo que Jesus havia dito, ou seja, que não era necessário preparar a própria defesa, pois nesse momento o Espírito Santo os inspiraria. Como ele mesmo havia afirmado na carta aos Filipenses, o comparecimento diante de um tribunal se tornou ocasião de testemunho e de anúncio do Senhor Jesus, exatamente como havia prometido o Mestre.

Na primeira audiência, Paulo "foi libertado da boca do leão". Mas sua esperança se projeta no além: "O Senhor me guardará para seu reino celeste".

A segunda carta a Timóteo tem várias frases que entraram para a história. Abra sua Bíblia e descubra-as, completando-as.

1,6: "Exorto-te a reavivar _____
_____."

1,12: "Eu sei em quem _____
_____."

2,9: "Mas a Palavra _____
_____."

2,11: "Se com ele morremos _____
_____".

3,16-17: "Toda Escritura é _____
_____".

4,2: "Proclama a Palavra _____
_____".

4,7: "Combati o bom _____
_____".

Avaliação
Não deixe de avaliar este breve estudo sobre as duas cartas a Timóteo. Anote as dúvidas, os pontos positivos e negativos.

13
A carta a Tito

I. ANTES DE ABRIR A CARTA

1. Tito

Tito é outro dos grandes colaboradores de Paulo. Diferentemente de Timóteo, é filho de não judeus, por isso não é submetido à circuncisão, como prova viva no duro debate sobre essa questão enfrentado por Paulo. Ele acompanhou o apóstolo a Jerusalém em uma de suas viagens, narrada na carta aos Gálatas (2,3). O fato não é sem importância, dada a polêmica sobre o tema da circuncisão que alguns cristãos de origem judaica queriam impor aos não judeus para que se convertessem à fé em Jesus Cristo como condição essencial para serem salvos. Esse debate provocou nada mais nada menos do que a assembleia conhecida como o concílio de Jerusalém (At 15).

Quando explodiu o conflito contra Paulo na cidade de Corinto, Tito foi para lá enviado como mediador dessa tensão e pacificador dos ânimos revoltados contra Paulo. E foi bem-sucedido, conforme nos narra o próprio Paulo na segunda carta aos Coríntios (7,6). A ocasião deve ter servido para que a estima dos coríntios para com ele aumentasse, fato que levou Paulo a enviá-lo novamente a essa cidade com o objetivo de encaminhar a coleta em favor dos cristãos pobres de Jerusalém (2Cor 8,6.16-17).

Paulo tem plena confiança na pessoa de Tito, e o elogia chamando-o de "companheiro e colaborador" que não explorou os coríntios quando esteve entre eles (2Cor 12,18).

Na segunda carta a Timóteo (4,10) se fala de uma missão confiada a Tito na região da Dalmácia, da qual não temos outras informações. A carta a ele enviada localiza-o na ilha de Creta (1,4). A finalidade da estadia de Tito nessa ilha é especificada na própria carta: havia também aí abusos que ele devia corrigir, bem como a tarefa de nomear anciãos.

2. Uma carta deuteropaulina

A autenticidade paulina dessa carta é motivo de debate entre os estudiosos, pelos mesmos motivos apresentados para a primeira carta a Timóteo, com a qual a carta a Tito muito se assemelha. Aliás, são as duas cartas mais contestadas entre os especialistas (veja, anteriormente, o que foi dito a respeito da primeira carta a Timóteo).

3. Local e data

Se admitimos que seja texto autêntico de Paulo, devemos situá-la entre os últimos escritos do apóstolo, um pouco antes da segunda carta a Timóteo e contemporânea da primeira carta a Timóteo, em Roma, depois do ano 64 e antes do ano 67.

II. ABRINDO A CARTA

Como acontece nas duas cartas a Timóteo, também a carta a Tito não possui uma divisão nítida em partes. Paulo se apresenta como servo de Deus e apóstolo de Jesus Cristo com uma finalidade bem específica: levar os eleitos de Deus à fé e ao conhecimento da verdade conforme a piedade, na esperança da vida eterna por Deus prometida. Tito é chamado de "meu verdadeiro filho na fé comum" e, como em todas as cartas, Paulo saúda o destinatário com "graça e paz" (1,1-4).

Vem, a seguir, o motivo pelo qual Tito foi deixado na ilha de Creta: constituir presbíteros (anciãos) à frente das comunidades espalhadas pelas cidades da ilha. As qualidades exigidas desse tipo de liderança são, no fundo, as que se exigem de um bom cidadão, pai de família honesto, capaz de anunciar a Palavra não só verbalmente, mas, sobretudo, mediante a postura ética de um bom cidadão. Chamam atenção a fidelidade a um ensinamento da sã doutrina e a capacidade de se opor ao ensinamento dos falsos mestres (1,5-9).

Os falsos mestres são bastante identificáveis no final do capítulo: a maioria deles são de origem judaica, ligados à circuncisão, e a carta os torna objeto de censura, tachando-os de vários modos. Uma afirmação sobressai e critica a religião do puro e do impuro: "Tudo é puro para quem é puro" (1,15; cf. Mc 7).

O capítulo 2 distribui orientações para vários grupos.

Homens idosos: sóbrios, respeitáveis, sensatos, fortes na fé, na caridade e na perseverança.

Mulheres idosas: comportar-se como pessoas santas, não caluniadoras, não dependentes de álcool, boas conselheiras para as

recém-casadas e bons exemplos de como amar maridos e filhos, pessoas de bom senso, fiéis, submissas a seus maridos, boas donas de casa e amáveis.

Jovens: que sejam criteriosos.

Servos: obedientes a seus patrões, não teimosos, não ladrões (2,1-10).

O texto que vem a seguir (2,11-15) é o mais conhecido, pois pertence à liturgia do Natal, e serve de base para todas as orientações oferecidas pela carta em vista de um bom comportamento: "A graça de Deus se manifestou para a salvação de todas as pessoas. Ela nos ensina a abandonar a impiedade e as paixões mundanas, e a viver neste mundo com autodomínio, justiça e piedade, aguardando a nossa bendita esperança, a manifestação da glória do nosso grande Deus e Salvador,

Cristo Jesus, o qual se entregou a si mesmo por nós, para remir-nos de toda iniquidade, e para purificar um povo que lhe pertence, zeloso pelas belas obras".

O capítulo 3 se abre com orientações para a vida civil, recomendando a todos o respeito pelas autoridades, a disposição para um trabalho honesto, afastando para longe as difamações e brigas... O encontro com Jesus Cristo é o ponto de partida para a mudança na vida de todas as pessoas, de modo que existe um antes e um depois totalmente diferentes entre si por causa do conhecimento e da aceitação de Jesus Cristo. Essa nova postura torna as pessoas herdeiras da vida eterna (3,1-7).

A carta caminha para o fim, e Paulo volta a recomendar as mesmas coisas ditas anteriormente, sublinhando que não vale a pena perder tempo com discussões que não levam a nada, e aconselha a não ficar repetindo advertências para quem não quer se corrigir (3,8-11). A carta termina com notícias acerca de pessoas e saudações (3,12-15).

Índice

A coleção: "Conheça a Bíblia. Estudo popular" | 3

Apresentação | 5

1. A PRIMEIRA CARTA AOS TESSALONICENSES | 9

I. Um passeio por Tessalônica do ano 50 | 9

II. Entrevistando Paulo e Lucas | 13

III. Olhando de perto a primeira carta aos Tessalonicenses | 16
   1. "Agradecemos a Deus..." (1,2-3,13) | 18
   2. "... pedimos a vocês e os exortamos
      no Senhor Jesus..." (4,1-5,27) | 23

2. A CARTA AOS FILIPENSES | 27

I. Bem-vindos a Filipos | 27
   1. Conhecendo a cidade | 27
   2. A fundação da comunidade contada por Lucas | 29

II. Bem-vindos à carta aos Filipenses | 34

III. Olhando de perto a carta | 36
   1. Primeira carta (4,10-20). Solidariedade, a nova liturgia | 36
   2. Segunda carta (1,1-3,1a + 4,2-7.21-23) | 40
   3. Terceira carta (3,1b-4,1 + 4,8-9):
      "Sejam meus imitadores" | 49

3. A PRIMEIRA CARTA AOS CORÍNTIOS | 53

I. Antes de conhecer a carta | 53
  1. A cidade | 53
  2. As comunidades | 55
  3. As cartas | 58

II. Conhecendo a carta | 61
  1. Tensões e conflitos comunitários | 62
  2. "Passemos aos pontos sobre os quais me escreveram" | 72

4. A SEGUNDA CARTA AOS CORÍNTIOS | 85

I. Antes de abrir a carta | 85
  Quantas cartas? | 85

II. Conhecendo cada uma das cartas | 88
  1. Coríntios 2,14-7,4: "Vocês são a nossa carta..." | 88
  2. Coríntios 10-13: "Quando sou fraco, então é que sou forte" (12,10) | 90
  3. Coríntios 1,1-2,13 + 7,5-16: "Bendito seja o Deus de toda consolação" (1,3) | 93
  4. Coríntios 8: "Vocês conhecem a generosidade de Jesus Cristo" (8,9) | 94
  5. Coríntios 9: "Deus ama a quem dá com alegria" (9,7) | 94

5. A CARTA AOS GÁLATAS | 97

I. Antes de abrir a carta | 97
  1. Galácia | 97
  2. A fundação: primeiras dores de parto | 98
  3. A carta: novamente as dores do parto | 99

II. Abrindo a carta | 101
  1. O Evangelho de Paulo (capítulos 1 e 2) | 101
  2. Aprofundamento (3,1-5,12) | 105
  3. Vivendo a vida nova | 107

6. A CARTA AOS ROMANOS | 111

I. Antes de abrir a carta | 111
   1. A carta mais importante... | 111
   2. ... e também a mais extensa... | 111
   3. ... e profunda, ... | 112
   4. ... enviada a comunidades que Paulo não fundou | 113
   5. Carta levada por uma mulher... | 113
   6. ... com uma missão bem definida | 114
   7. Por que Paulo escreveu essa carta? | 115

II. Abrindo a carta | 116
   1. Um retrato das comunidades cristãs romanas | 116
   2. Comunidades ricas de dons | 119
   3. Tema central da carta | 119

III. Leitura rápida da carta | 120
   1. A humanidade diante de Deus (capítulos 1 a 7) | 120
   2. Anistia para todos | 121
   3. A fé é a condição (capítulo 8) | 121
   4. "Ele veio para os seus, mas os seus não o acolheram" (capítulos 9 a 11) | 122
   5. A única dívida: o amor (capítulos 12 a 14) | 122

7. A CARTA A FILÊMON | 125

I. Antes de abrir a carta | 125
   1. Filêmon | 125
   2. Onésimo | 126
   3. Paulo | 126
   4. Paulo e a escravidão | 126
   5. Onde e quando | 127

II. Abrindo a carta | 127

8. A CARTA AOS COLOSSENSES | 131

I. Antes de abrir a carta | 131
   1. A cidade de Colossas | 131
   2. A fundação da comunidade | 131
   3. Os problemas | 132
   4. Uma carta deuteropaulina | 133
   5. Colossenses e Efésios | 133

II. Abrindo a carta | 134
   1. Primeira parte: a superioridade de Jesus Cristo (1,15-2,5) | 135
   2. Segunda parte: consequências para a vida dos cristãos (2,6-3,4) | 137
   3. Terceira parte: exortações, notícias e saudações (3,5-4,18) | 138

9. A CARTA AOS EFÉSIOS | 141

I. Antes de abrir a carta | 141
   1. Uma carta deuteropaulina | 141
   2. Efésios e Colossenses | 141
   3. Carta aos Efésios? | 142
   4. Falando de datas | 143
   5. A missão de Tíquico | 144

II. Abrindo a carta | 144
   Primeira parte (capítulos 1 a 3): a história da salvação | 144
   Segunda parte (capítulos 4 a 6): exortações | 146

10. A SEGUNDA CARTA AOS TESSALONICENSES | 149

I. Antes de abrir a carta | 149
   1. Uma carta deuteropaulina | 149
   2. Onde e quando foi escrita | 149

II. Abrindo a carta | 150

11. A PRIMEIRA CARTA A TIMÓTEO | 153

I. Antes de abrir a carta | 153
    1. Timóteo | 153
    2. Duas cartas deuteropaulinas | 154
    3. Cartas "pastorais" | 154
    4. Falando de datas | 155
    5. Problemas | 155

II. Abrindo a primeira carta | 156
    1. Por que Timóteo foi deixado por Paulo em Éfeso? | 156
    2. Organizar as comunidades | 157
    3. A oração não exclui ninguém | 160

12. A SEGUNDA CARTA A TIMÓTEO | 161

I. Antes de abrir a carta | 161
    1. Uma carta-testamento | 161
    2. Uma carta deuteropaulina | 161

II. Abrindo a segunda carta | 162

13. A CARTA A TITO | 167

I. Antes de abrir a carta | 167
    1. Tito | 167
    2. Uma carta deuteropaulina | 168
    3. Local e data | 168

II. Abrindo a carta | 168

MAPAS
Viagens de Paulo - Primeira Viagem | 10
Viagens de Paulo - Segunda Viagem | 30

Este livro foi composto com as famílias tipográficas Cantonia, Minion Pro e Segoe
e impresso em papel Offset 63g/m² pela **Gráfica Santuário.**